Luise Lilienthal

Beschwipste Kuchen & Torten

Fotos von Andreas Ketterer
und Evelyn Layher

Beschwipste Kuchen und trunkene Torten

Alle Rezepte in diesem Buch haben eine Gemeinsamkeit – sie enthalten Alkohol. Die Liköre, Brände und was es sonst noch alles in alkoholischer Form gibt, eröffnen völlig neue geschmackliche Möglichkeiten, sind aber für Kinder nicht geeignet.

Es herrscht zwar die Meinung, dass sich Alkohol beim Backen vollständig verflüchtigt, es gibt aber auch Stimmen, die dieser Meinung widersprechen. Auf der sicheren Seite sind Sie in jedem Fall, wenn Sie Ihre Gäste im Vorfeld über Ihre Kuchenpläne informieren. Bei Kuchen, die Alkohol in Creme, Sahne oder Guss enthalten, bleibt der Alkohol in jedem Fall erhalten.

Sie werden die kleinen Messbecher, die ein wenig wie Eierbecher aussehen, sicherlich schon in Bars gesehen haben. Ich empfehle Ihnen für die Verwendung kleiner Mengen Alkohol einen Doppelmessbecher mit 2 und 3 cl.

Vorwort

Kuchen, Torten und andere kleine, gebackene Leckereien versüßen den Alltag, machen den Sonntag zu einem Festtag oder sind der krönende Abschluss eines gelungenen Menüs. Schon beim Hören von Namen wie Käse- und Erdbeerkuchen, Donauwelle und Kirschstreusel werden Erinnerungen an festliche Nachmittage und entspannte Stunden mit Freunden wach. Ein Schokoladenkuchen hat schon über die schlimmsten Seelenkrisen hinweggeholfen, eine Eierlikörtorte generationenübergreifend für Heiterkeit gesorgt.

Ähnlich beschwingte oder selige Momente können, in Maßen genossen, auch ein feiner Likör, ein edler Brand oder ein exotischer Drink auslösen. Was liegt also näher, als Kuchen und Alkohol zu vereinen und etwas Neues daraus zu kreieren – einen beschwipsten Kuchen. Mal deutlich zu schmecken, mal nur als zarte Note wahrnehmbar – mit meinen Rezepten möchte ich Ihnen mit der Kombination von Kuchen und Alkohol neue Geschmackswelten eröffnen und bereits Bekanntes variieren.

Viele heitere Stunden beim Backen und Genießen wünscht Ihnen

Luise Lilienthal

Inhalt

Die Rezepte

Meine 6 goldenen Backregeln

Kuchen backen ist für mich eine Mischung aus Handwerk, Kreativität und vor allen Dingen Spaß. Der Spaß an der Sache stellt sich viel schneller ein, wenn Sie einige Grundregeln befolgen, die zwar wenig mit Kreativität, aber sehr viel mit Handwerk zu tun haben und sich über Generationen hinweg als hilfreich erwiesen haben.

1 Rezepte genau lesen

Den Überblick beim Backen können Sie leicht behalten, wenn Sie sich das Rezept vorher einmal komplett durchlesen. Die einzelnen Arbeitsschritte werden zwar in den Rezepten ausführlich beschrieben, dennoch ist es immer wichtig, sich vor Beginn der Arbeit eine Vorstellung davon zu machen, welche Dinge getan werden müssen, bis der Kuchen fertig ist. Ruhe- und Kühlzeiten kommen dann auch nicht überraschend und bringen nicht Ihre ganze Zeitplanung durcheinander.

2 Alle Zutaten bereit legen

Beim Backen ist der Improvisationsspielraum deutlich geringer als beim Kochen. Haben Sie nicht genug Eier im Kühlschrank, misslingt das Rezept. Einige Arbeitsschritte müssen sehr zügig durchgeführt werden. Wenn Sie in so einem Fall erst Ihren Küchenschrank ausräumen müssen, um Vanillezucker oder Backpulver zu finden, setzen Sie Ihren Backerfolg aufs Spiel.

3 Entspannt backen

Ist alles gut vorbereitet, sollte sich die Hektik beim Backen in Grenzen halten. Je entspannter Sie die Sache angehen, desto mehr Geduld haben Sie für aufwändige Verzierungen oder filigrane Konstruktionen. Stress und Ungeduld vermiesen nicht nur die Laune, sondern meistens auch den Kuchen. Wenn Sie nicht viel Zeit haben, wählen Sie einfach ein Rezept, das sich in wenigen Schritten und ohne viel Aufwand backen lässt. Einfache und unkomplizierte Rezepte können genauso gut sein wie zeitintensive.

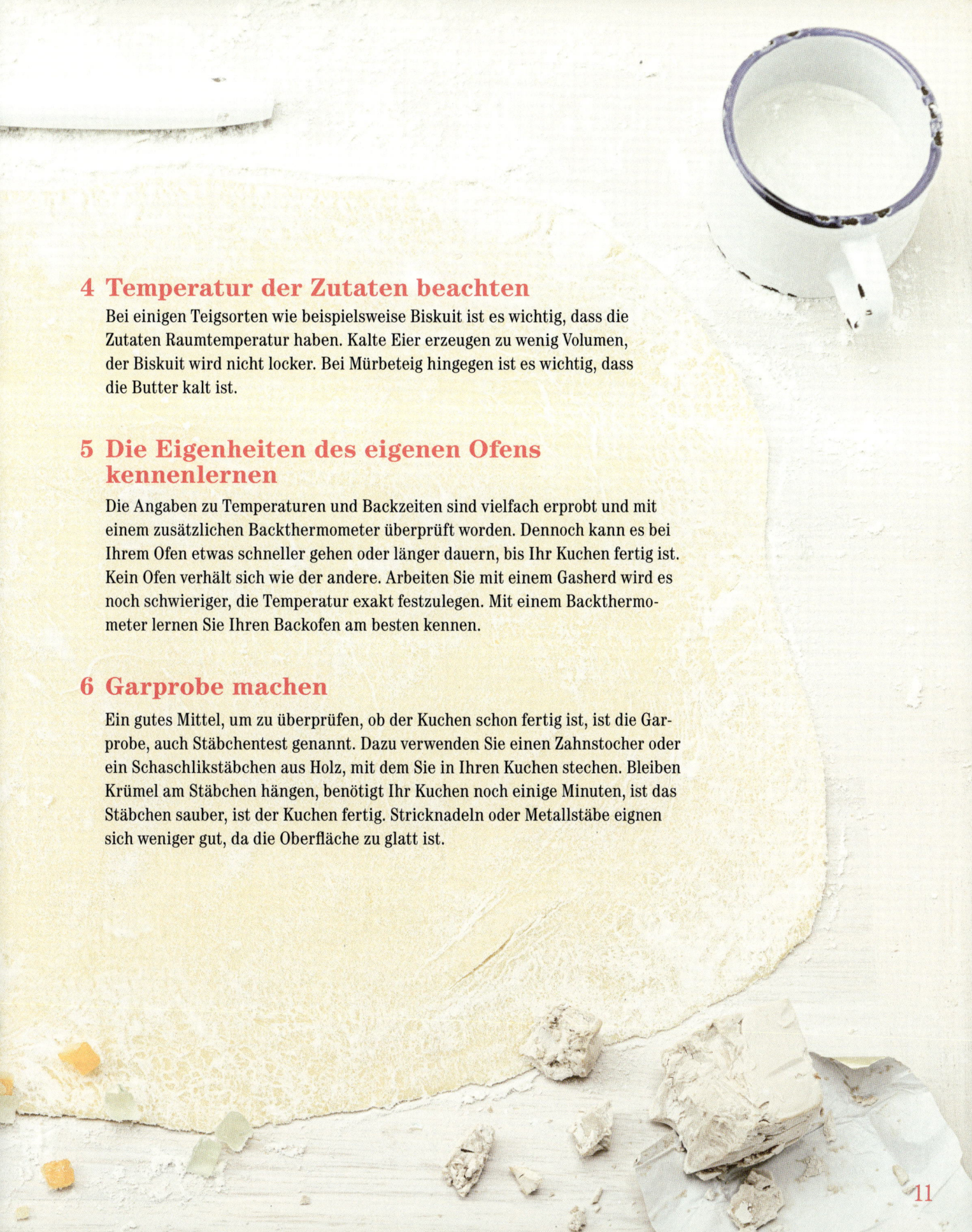

4 Temperatur der Zutaten beachten

Bei einigen Teigsorten wie beispielsweise Biskuit ist es wichtig, dass die Zutaten Raumtemperatur haben. Kalte Eier erzeugen zu wenig Volumen, der Biskuit wird nicht locker. Bei Mürbeteig hingegen ist es wichtig, dass die Butter kalt ist.

5 Die Eigenheiten des eigenen Ofens kennenlernen

Die Angaben zu Temperaturen und Backzeiten sind vielfach erprobt und mit einem zusätzlichen Backthermometer überprüft worden. Dennoch kann es bei Ihrem Ofen etwas schneller gehen oder länger dauern, bis Ihr Kuchen fertig ist. Kein Ofen verhält sich wie der andere. Arbeiten Sie mit einem Gasherd wird es noch schwieriger, die Temperatur exakt festzulegen. Mit einem Backthermometer lernen Sie Ihren Backofen am besten kennen.

6 Garprobe machen

Ein gutes Mittel, um zu überprüfen, ob der Kuchen schon fertig ist, ist die Garprobe, auch Stäbchentest genannt. Dazu verwenden Sie einen Zahnstocher oder ein Schaschlikstäbchen aus Holz, mit dem Sie in Ihren Kuchen stechen. Bleiben Krümel am Stäbchen hängen, benötigt Ihr Kuchen noch einige Minuten, ist das Stäbchen sauber, ist der Kuchen fertig. Stricknadeln oder Metallstäbe eignen sich weniger gut, da die Oberfläche zu glatt ist.

Feines mit Wein, Sekt und Likör

Wenn aus einem einfachen Zitronenkuchen eine zitronige Sensation wird, dann sind Lemon Curd und ein guter Zitronenlikör im Spiel.

Zitronenkuchen mit Lemon Curd

Lemon Curd

- » *100 ml Zitronensaft*
- » *Schalenabrieb von 3 Bio-Zitronen*
- » *150 g Zucker*
- » *3 Eigelb, Größe M*
- » *75 g weiche Butter*

Rührteig

- » *1 Zucchini*
- » *Salz*
- » *200 g weiche Butter*
- » *175 g Zucker*
- » *4 Eier, Größe M*
- » *200 g Mehl*
- » *50 g Speisestärke*
- » *2 TL Backpulver*
- » *Schalenabrieb von 1 Bio-Zitrone*
- » *Saft ½ Zitrone*

Zitronensirup

- » *Saft 1 Zitrone*
- » *5 cl (50 ml) Zitronenlikör (z. B. Limoncino oder Limoncello)*
- » *50 g Puderzucker*

Dekoration

- » *Minzblättchen*

- » *Kastenform 25 cm Länge*
- » *Zahnstocher*

1 Für den Curd Zitronensaft, Schalenabrieb und Zucker in einem Topf aufkochen, bis sich der Zucker ganz aufgelöst hat. Den Topf vom Herd nehmen, das Eigelb und die Butter dazugeben. Die Masse über einem Wasserbad so lange rühren, bis sie anfängt einzudicken (das kann ca. 10–15 Minuten dauern). Lemon Curd im Kühlschrank über Nacht kühlen.

2 Die Zucchini waschen, die Enden abschneiden und mit einem Hobel grob raspeln, 150 g abwiegen. In ein Sieb geben, mit etwas Salz bestreuen und 15 Minuten ziehen lassen.

3 Den Backofen auf 175 °C (155 °C Umluft) vorheizen. Die Butter mit dem Zucker schaumig schlagen. Nach und nach die Eier einrühren. Das Mehl sieben, mit der Speisestärke und dem Backpulver mischen und unter die Teigmasse rühren. Zitronenabrieb und -saft dem Teig hinzugeben. Die Zucchini abtropfen lassen, leicht auspressen und unter die Teigmasse heben.

4 Den Teig in eine gefettete und bemehlte Kastenform geben und im heißen Ofen 45 Minuten backen (Stäbchenprobe). Den Kuchen nach dem Backen kurz aus der Form nehmen und anschließend gleich wieder zurückgeben. Damit stellen Sie sicher, dass sich der Kuchen aus der Form löst, beim Tränken des Kuchens aber keine Flüssigkeit verloren geht.

5 Für den Zitronensirup den Zitronensaft mit Zitronenlikör und Puderzucker verrühren. Den noch warmen Kuchen mit einem Zahnstocher anstechen, mit dem Zitronensirup tränken und in der Form abkühlen lassen. Den erkalteten Kuchen mit dem Lemon Curd bestreichen und mit Minzblättchen dekorieren.

♥ *Die Basis des Limoncino ist Grappa, wodurch er im Geschmack etwas feiner ist als Limoncello, der mit 95%igem Alkohol angesetzt wird.*

Schwierigkeit: einfach
Backzeit: 45 Minuten
Kühlzeit: über Nacht

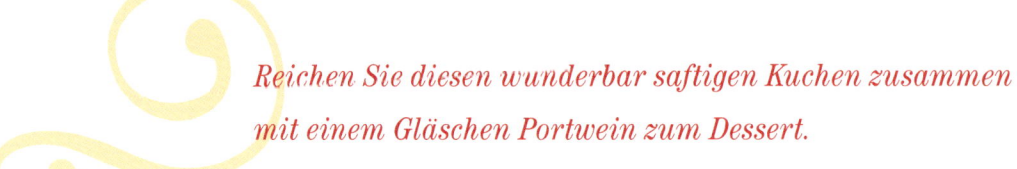

Reichen Sie diesen wunderbar saftigen Kuchen zusammen mit einem Gläschen Portwein zum Dessert.

Portwein-Feigen-Kuchen

Rührteig
» 50 g Walnusskerne
» 3 Eier, Größe M
» 125 g Zucker
» Schalenabrieb von
  ½ Bio-Orange
» 150 g gemahlene Mandeln
» 1 EL Semmelbrösel
» 1 TL Backpulver
» 1 Prise Salz

Füllung
» 2 cl (20 ml) Portwein
» 250 g Ricotta
» 1 TL Zitronensaft
» 1 EL Puderzucker

Belag
» 3 frische Feigen
» 10 g Butter
» 2 EL brauner Zucker
» 4 cl (40 ml) Portwein
» 20 g Walnusskerne
» 1 EL Honig

» Springform 20 cm Ø

Schwierigkeit: mittel
Backzeit: 40 Minuten
Kühlzeiten: 2 x 1 Stunde

1 Den Backofen auf 160 °C (140 °C Umluft) vorheizen. Die Walnüsse sehr fein hacken. Die Eier mit Zucker und Orangenabrieb verrühren. Walnüsse, Mandeln, Semmelbrösel, Backpulver und eine Prise Salz hinzugeben und verrühren.

2 Die Backform mit Backpapier auslegen. Den Teig einfüllen und im heißen Ofen 40 Minuten backen (Stäbchenprobe).

3 Den ausgekühlten Kuchen waagerecht durchschneiden. Die untere Hälfte wieder in die Springform legen und mit 2 cl Portwein tränken.

4 Den Ricotta mit Zitronensaft und Puderzucker glatt rühren. Die Hälfte der Creme auf den Kuchenboden auftragen. Die obere Teighälfte aufsetzen und ebenfalls mit ca. 2 cl Portwein beträufeln. Die restliche Creme auf dem Kuchendeckel verteilen. Den Kuchen kalt stellen.

5 Die Feigen waschen, den Stiel entfernen und die Feigen halbieren. Die Butter in einer Pfanne erhitzen und gut in der Pfanne verteilen. Den Zucker gleichmäßig über den Pfannenboden streuen. Sobald der Zucker karamellisiert ist, die Feigen mit der Schnittfläche nach unten in die Pfanne setzen und 2 Minuten braten. Die Feigen drehen und weitere 2 Minuten braten. Die Feigen mit einer Zange aus der Pfanne nehmen und dabei möglichst viel von dem karamellisierten Zucker aufnehmen.

6 Die karamellisierten Feigen auf einen Teller setzen. Den restlichen Karamell in der Pfanne mit Portwein aufgießen und kurz aufkochen. Die entstandene Flüssigkeit vorsichtig über die Feigen träufeln.

7 Die Walnüsse grob hacken, in einer beschichteten Pfanne ohne Fett anrösten, den Honig zugeben und die Walnüsse unter ständigem Rühren mit dem Honig karamellisieren. Die ausgekühlten Feigen und Walnüsse auf die Torte geben.

Omas Rotweinkuchen

Rührteig

» *150 g dunkle Schokolade*
» *300 g weiche Butter*
» *300 g Zucker*
» *2 Päckchen Vanillezucker*
» *6 Eier, Größe M*
» *300 g Mehl*
» *2 TL Kakaopulver*
» *1 Msp. gemahlener Ingwer*
» *1 Msp. gemahlene Nelken*
» *250 ml Rotwein*

Glasur

» *200 g Puderzucker*
» *2 EL Rotwein*

» *Kranzform 26 cm Ø*

1 Den Backofen auf 180 °C (160 °C Umluft) vorheizen. Die dunkle Schokolade raspeln. Die Butter mit Zucker und Vanillezucker schaumig rühren. Die Eier nach und nach zugeben.

2 Das Mehl mit Kakao, Nelken- und Ingwerpulver mischen und zusammen mit dem Rotwein unter die Eiermischung rühren. Die Schokoraspel hinzugeben.

3 Den Teig in eine Kranzform füllen und im heißen Ofen ca. 60 Minuten backen (Stäbchenprobe). Den Kuchen nach dem Backen einige Minuten abkühlen lassen, aus der Form stürzen und völlig auskühlen lassen.

4 Für die Glasur den Puderzucker mit dem Rotwein verrühren und den erkalteten Kuchen damit bestreichen.

♥ *Farbe und Geschmack der Glasur variieren je nach Rotweinsorte.*

Schwierigkeit: einfach
Backzeit: 60 Minuten

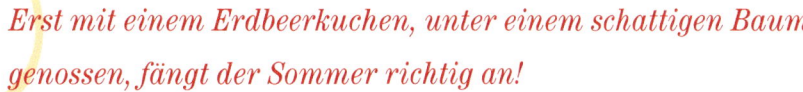

Erdbeertraum

Boden
» *120 g Butterkekse*
» *20 g weiße Schokolade, gehackt*
» *30 g Mandelsplitter*
» *1 EL löslicher Kaffee*
» *80 g Butter*

Füllung
» *250 g frische Erdbeeren*
» *300 ml trockener Weißwein*
» *80 g Zucker*
» *4 cl (40 ml) Erdbeer-Bal-samico (alternativ weißen Balsamico)*
» *2 Eigelb*
» *100 g Quark*
» *1 Beutel Gelatine-Fix (15 g)*
» *100 g Sahne*
» *1 Päckchen roter Tortenguss*

» *Springform 20 cm Ø*

Schwierigkeit: einfach
Zubereitung: 40 Minuten
Ziehzeit: 1 Stunde
Kühlzeit: 2 Stunden

1 Die Erdbeeren für die Füllung waschen und in Scheiben schneiden. 200 ml Weißwein abmessen und mit 40 g Zucker und Erdbeerbalsamico unter die Erdbeeren mischen. Mindestens 1 Stunde ziehen lassen.

2 Für den Boden die Kekse in eine Tüte geben und mit den Händen oder einen Nudelholz gut zerkleinern. Schokolade, Mandelsplitter und Kaffee mit den Keksbröseln mischen. Die Butter schmelzen und gut unterrühren. Die Masse in eine kleine Springform geben, gleichmäßig verteilen und fest andrücken, dabei einen ca. 4 cm hohen Rand hochziehen.

3 Die Eigelbe mit dem restlichen Zucker über einem warmen Wasserbad schaumig schlagen. Den Quark und den restlichen Wein zugeben. Die Gelatine einrühren. Die Sahne schlagen und unter die Masse heben. Die Masse in die Springform füllen und im Kühlschrank fest werden lassen.

4 Die Erdbeeren in einem Sieb abtropfen lassen, die Flüssigkeit auffangen. Die Erdbeeren auf die Weincreme in der Springform verteilen. 250 ml der abgetropften Flüssigkeit abmessen und damit den Tortenguss zubereiten. Den Tortenguss über die Erdbeeren geben (Menge nach Bedarf).

♥ *Erdbeer-Balsamico können Sie auch selbst machen. Sie benötigen dazu 700 ml weißen Balsamico-Essig und 500 g Erdbeeren. Waschen und vierteln Sie die Erdbeeren und füllen Sie sie in eine gut gespülte leere Flasche. Jetzt müssen Sie die Flasche nur noch mit dem Balsamico auffüllen und die Mischung 5 bis 6 Wochen ziehen lassen. Nach dieser Zeit gießen Sie die Mischung durch ein Sieb ab. Abgefüllt in eine schöne Flasche ist Erdbeer-Balsamico auch ein ideales Mitbringsel.*

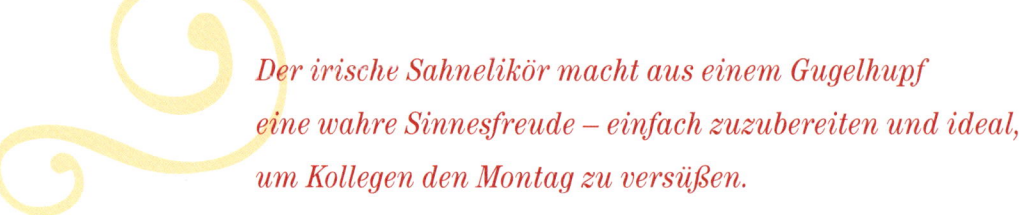

Der irische Sahnelikör macht aus einem Gugelhupf
eine wahre Sinnesfreude – einfach zuzubereiten und ideal,
um Kollegen den Montag zu versüßen.

Gugelhupf mit Baileys

Rührteig
» *125 g Mehl*
» *125 g Speisestärke*
» *4 TL Backpulver*
» *1 Prise Salz*
» *250 g Puderzucker*
» *250 ml Speiseöl*
  (z. B. Distelöl)
» *250 ml Baileys (irischer*
  Sahne-Whiskey-Likör)
» *1 EL Kakaopulver*
» *5 Eier, Größe M*

Dekoration
» *Puderzucker zum Bestreuen*

» *Gugelhupfform 24 cm Ø*

1 Den Backofen auf 175 °C (155 °C Umluft) vorheizen. In einer Rührschüssel Mehl, Stärke und Backpulver mischen. Salz, Puderzucker, Öl, Likör, Kakao und die Eier hinzufügen und mit einem Handrührgerät ca. 2 Minuten schlagen.

2 Den Teig in eine gefettete und mit Mehl bestäubte Gugelhupfform gießen. Den Kuchen im heißen Ofen 50 bis 60 Minuten backen (Stäbchenprobe).

3 Nach dem Backen kurz in der Form auskühlen lassen. Anschließend aus der Form kippen und auf einem Kuchengitter vollständig erkalten lassen.

4 Den Gugelhupf vor dem Servieren mit Puderzucker bestreuen und mit geschlagener Sahne servieren.

Schwierigkeit: einfach
Backzeit: 50–60 Minuten

Locker-leicht und unverschämt lecker: Dieser beschwipste
Frühlingsgruß mit Eierlikör macht den Mai noch wonniger.

Erdbeer-Rhabarber-Torte

Biskuitteig
» 8 Eier, Größe M
» 300 g Zucker
» 1 Päckchen Vanillezucker
» 1 Prise Salz
» 1 Msp. Zitronenabrieb
» 250 g Mehl
» 50 g Speisestärke

Keksboden
» 150 g Butterkekse
» 50 g gehackte Mandeln
» 120 g weiche Butter

Füllung
» 500 g Rhabarber
» 2 EL Zucker
» 300 g frische Erdbeeren
» 400 g Erdbeer-Rhabar-
  ber-Marmelade
» 50 ml Erdbeersirup
» 50 g Zucker
» 120 ml weißen Rum
» 50–75 g Früchte-Fix
  (z. B. von Dr. Oetker)

Dekoration
» 400 g Sahne
» 2 Päckchen Vanillezucker
» 2 Päckchen Sahnesteif
» 100 ml Eierlikör
» Dekorblüten aus Esspapier
  (z. B. von Dr. Oetker)

» Springform 26 cm Ø

1 Für den Biskuit die Eier mit Zucker, Vanillezucker, Salz und Zitronenabrieb über einem heißen Wasserbad mit einem Schneebesen in der Schüssel aufschlagen. Anschließend die Schüssel vom Wasserbad nehmen und mit einem Handrührgerät kalt schlagen, bis eine cremige Masse entstanden ist.

2 Den Backofen auf 180 °C (Umluft 160 °C) vorheizen. Das Mehl mit der Speisestärke mischen, sieben und mit dem Teigschaber unter die Eiermasse heben. Den Teig in eine mit Backpapier ausgelegt Springform geben und im heißen Ofen ca. 40 Minuten backen. Gleich nach dem Backen mit einem Messer den Rand umfahren, damit der Teig nicht an der Form kleben bleibt. Den Biskuit aus der Form lösen und über Nacht auskühlen lassen, am nächsten Tag zweimal waagerecht durchschneiden.

3 Die Kekse in einen Gefrierbeutel geben und zerkleinern. Die Brösel mit den Mandeln mischen, die Butter schmelzen und untermengen. Die Springform mit Backpapier auslegen, den Keksbröselteig als Boden in die Form drücken und aushärten lassen.

4 Den Rhabarber putzen, schälen und in kleine Stücke schneiden. Mit 2 EL Zucker bestreuen und 30 Minuten ziehen lassen. Die Erdbeeren in Scheiben schneiden. Die entstandene Rhabarberflüssigkeit abgießen. 100 g Erdbeer-Rhabarber-Marmelade in einem Topf erhitzen, den Rhabarber hinzugeben und ca. 10 Minuten köcheln lassen. Nachdem der Rhabarber zerfallen ist, Erdbeeren, Erdbeersirup, Zucker und 2 cl (20 ml) Rum einrühren. Das Kompott kalt werden lassen. Nun das Früchte-Fix einrühren (Die Menge hängt davon ab, wie viel Wasser Rhabarber und Erdbeeren ziehen.), das Kompott soll leicht andicken.

5 Den Keksboden aus der Form lösen und auf eine Tortenplatte schieben. 300 g Erdbeer-Rhabarber-Marmelade auf den Keksboden streichen und die untere Biskuitplatte aufsetzen. Auf diese das Kompott streichen und die mittlere Biskuitplatte aufsetzen. Die Biskuitplatte mit ca. 5 cl (50 ml) Rum beträufeln.

6 Die Sahne mit Vanillezucker, Sahnesteif und 5 cl (50 ml) Eierlikör schlagen. Den mittleren Boden mit der Hälfte der Sahne bestreichen, den Deckel aufsetzen und mit 5 cl Rum beträufeln. Die restliche Eierlikörsahne auf den Deckel streichen und mit dem restlichen Eierlikör besprenkeln. Die Torte erst kurz vor dem Servieren mit den Esspapierblüten verzieren.

Schwierigkeit: mittel
Backzeit: 40 Minuten
Ruhezeit Biskuit: über Nacht
Ziehzeit: 30 Minuten

Amaretto-Sahnerolle

Füllung

» *400 g Sahne*
» *50 g Marzipanrohmasse*
» *1 TL Zitronensaft*
» *4 cl (40 ml) Amaretto*
  (ital. Mandellikör)
» *150 g Mascarpone*
» *1 Beutel Gelatine-Fix (15 g)*
» *40 g Amarettini*

Biskuitteig

» *4 Eier, Größe M*
» *1 Prise Salz*
» *60 g Marzipanrohmasse*
» *90 g Zucker (und Zucker*
  zum Stürzen)
» *80 g Mehl*
» *50 g Speisestärke*
» *1 TL Backpulver*
» *40 g Butter, flüssig*

Dekoration

» *Puderzucker*
» *200 g Sahne*
» *1 Päckchen Sahnesteif*
» *Erdbeeren*

» *Spritzbeutel*

Schwierigkeit: mittel
Backzeit: 8–10 Minuten

1 Zuerst die Füllung zubereiten: Die Sahne steif schlagen. Das Marzipan sehr klein schneiden und mit dem Zitronensaft und dem Mandellikör glatt rühren. Den Mascarpone zugeben und alles zu einer cremigen Masse rühren. Nun die Sahne unterheben. Das Gelatine-Fix in die Creme rühren. Die Amarettini zerkleinern und zur Masse geben.

2 Den Backofen auf 200 °C (180 °C Umluft) vorheizen. Die Eier trennen. Das Eiweiß mit einer Prise Salz zu einem festen Eischnee schlagen. Das Marzipan klein schneiden und mit 2 EL Wasser glatt rühren. Die Eigelbe cremig rühren und nach und nach den Zucker und das Marzipan hinzugeben. Den Eischnee zur Marzipanmasse geben. Das Mehl mit Speisestärke und Backpulver mischen und über die Masse sieben. Zuletzt die geschmolzene Butter zugeben und vorsichtig unterziehen.

3 Den Teig auf einem mit Backpapier belegten Backblech gleichmäßig verstreichen und 8 bis 10 Minuten im heißen Ofen backen. Der Biskuit soll eine hellgelbe Farbe haben.

4 Nach dem Backen die Biskuitplatte mit der Oberfläche nach unten auf ein mit Zucker bestreutes Geschirrtuch stürzen. Das Backpapier mit einem feuchten Tuch benetzen und vorsichtig abziehen. Den Biskuit nur kurz auskühlen lassen. Dann die Creme auf die Biskuitplatte streichen und vorsichtig mit dem Geschirrtuch aufrollen. Bis zum Servieren kalt stellen.

5 Die Rolle vor dem Servieren mit Puderzucker bestreuen. Die Sahne mit Sahnesteif schlagen, in einen Spritzbeutel geben und Sahnekrönchen auf die Rolle spritzen. Die Erdbeeren waschen, vom Strunk befreien und auf die Sahnekrönchen setzen.

♥ *Kleine Risse im Biskuit lassen sich mit etwas Eiweiß kleben.*

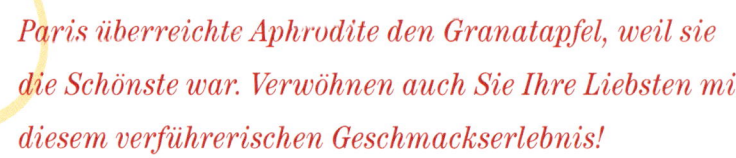

Paris überreichte Aphrodite den Granatapfel, weil sie die Schönste war. Verwöhnen auch Sie Ihre Liebsten mit diesem verführerischen Geschmackserlebnis!

Granatapfel-Sekt-Torte

Biskuitteig

- » 3 Eier, Größe M
- » 1 Prise Salz
- » 120 g Zucker
- » 100 g Mehl
- » 50 g Speisestärke
- » 1 TL Backpulver

Füllung

- » 1 Granatapfel
- » 400 ml Sahne
- » 1 Beutel Gelatine-Fix (15 g)
- » 150 g Mascarpone
- » 2 cl (20 ml) Granatapfelsaft
- » 40 g Puderzucker
- » rote Lebensmittelfarbe (bei Bedarf)
- » 2 cl (20 ml) Limettensaft

Dekoration

- » 250 ml Rosésekt
- » 1 Päckchen roten Tortenguss
- » rosa Glitzerzucker

- » Springform 20 cm Ø

Schwierigkeit: mittel
Backzeit: 20 Minuten
Kühlzeit: 2–12 Stunden

1 Den Backofen auf 180 °C (160 °C Umluft) vorheizen. Die Eier trennen. Das Eiweiß mit dem Salz steif schlagen. Die Eigelbe schaumig schlagen und nach und nach den Zucker einrieseln lassen. Mehl, Speisestärke und Backpulver mischen. Den Eischnee auf die Eigelbmasse geben. Einen Teil der Mehlmischung darauf sieben und vorsichtig mit einem Teigschaber unterheben. Den Vorgang so lange wiederholen, bis die Mehlmischung aufgebraucht ist.

2 Den Teig in eine mit Backpapier ausgelegte Form füllen und im heißen Ofen 20 Minuten goldbraun backen. Nach dem Backen sofort mit einem Messer vom Rand lösen und den Kuchen auf ein mit Backpapier belegtes Kuchengitter stürzen. Das Backpapier, das mitgebacken wurde, mit einem feuchten Tuch benetzen und vorsichtig abziehen. Den Kuchen gut abkühlen lassen (am besten über Nacht) und zweimal waagerecht durchschneiden.

3 Die Kerne aus dem Granatapfel lösen, durch ein Sieb drücken und den Saft auffangen. Für die Creme die Sahne steif schlagen. Dann Gelatine-Fix in die Sahne einrühren. 50 g Mascarpone mit 2 cl Granatapfelsaft und 20 g Puderzucker verrühren, nach Belieben noch etwas rote Lebensmittelfarbe zugeben. 100 g Mascarpone mit 2 cl Limettensaft und 20 g Puderzucker verrühren. Ein Drittel der Sahne in die rosa Creme einrühren, zwei Drittel in die weiße Creme.

4 Den Biskuitboden zurück in die Springform setzen und die rosa Creme aufstreichen. 2 EL Granatapfelkerne darauf verteilen. Die mittlere Biskuitplatte auflegen und mit der Hälfte der weißen Creme bestreichen. Den Deckel auflegen. Die restliche Creme aufstreichen und einen kleinen Rand hochziehen. Die restlichen Granatapfelkerne in die Mitte der Torte geben.

5 Den Rosésekt mit dem Tortengusspulver verrühren und aufkochen. Den Tortenguss mit einem Esslöffel vorsichtig über die Granatapfelkerne geben. Die weiße Creme mit etwas rosa Glitzerzucker dekorieren.

In der kalten Advents- und Weihnachtszeit verbreitet der Duft von Honig und Walnüssen ein Gefühl von Geborgenheit und Glück.

Festliche Walnusstorte

Biskuitteig

- » *6 Eier, Größe M*
- » *250 g Zucker*
- » *Abrieb von 1 Bio-Zitrone*
- » *200 g gemahlene Haselnüsse*
- » *200 g gemahlene Walnüsse*
- » *10 g kandierter Ingwer*
- » *1 EL Kakaopulver*
- » *2 EL Semmelbrösel*
- » *2 TL Backpulver*

Füllung

- » *200 g Nuss-Nougat*
- » *250 g Ricotta*
- » *400 g Sahne*
- » *2 Päckchen Sahnesteif (16 g)*
- » *120 ml Walnusslikör*

Dekoration

- » *1 EL Honig*
- » *Walnusshälften*
- » *Schokoladensternchen*

- » *Springform 26 cm Ø*

Schwierigkeit: mittel
Backzeit: 45 Minuten

1 Den Backofen auf 175 °C (155 °C Umluft) vorheizen. Eier, Zucker und Zitronenabrieb verrühren. Die gemahlenen Nüsse, den klein geschnittenen Ingwer, Kakaopulver, Semmelbrösel und Backpulver unterrühren.

2 Eine Springform mit Backpapier auslegen, den Teig einfüllen und im heißen Ofen ca. 45 Minuten backen (Stäbchenprobe). Den Kuchen aus dem Ofen nehmen und sofort vom Rand lösen. Kurz abkühlen lassen und auf ein Kuchengitter ziehen. Den Kuchen möglichst über Nacht ganz auskühlen lassen, dann zweimal waagerecht durchschneiden.

3 Den Nuss-Nougat über einem Wasserbad schmelzen und leicht abkühlen lassen. Den Ricotta unter die Nougatmasse rühren. Die Sahne mit Sahnesteif steif schlagen und nach und nach unter die Nougatmasse heben.

4 Den unteren Biskuitboden auf eine Tortenplatte legen. Mit 4 cl (40 ml) Walnusslikör tränken. Ca. ein Drittel der Nougatsahne auf den unteren Boden streichen und den mittleren Boden aufsetzen. Den mittleren Boden ebenfalls mit 4 cl Walnusslikör tränken, ein weiteres Drittel der Nougatsahne auftragen, dann die Schnittseite des Tortendeckels mit 4 cl Walnusslikör tränken und mit der Schnittseite nach unten auf die Torte setzen. Die Torte mit der restlichen Nougatsahne gleichmäßig bestreichen.

5 Den Honig in einer Pfanne erwärmen. Die Walnusshälften im Honig karamellisieren und anschließend auf Backpapier auskühlen lassen. Die Torte mit Walnüssen und Sternchen verzieren.

♥ *Mit ein wenig Goldflitter und Zuckerperlen verziert, wird aus dieser leckeren Walnusstorte ein Augenschmaus für die Weihnachtstafel.*

*Denkt man an New York, denkt man an Cheesecake. Mit Orangen-
likör im Kuchen und Frank Sinatra im Ohr wird die Fantasiereise
nach Amerika noch beschwingter!*

American Cheesecake mit Orangenlikör

Boden
» 250 g Butterkekse
» 150 g Butter

Füllung
» 1 kg Doppelrahmfrischkäse
» 250 g Zucker
» 150 ml Orangenlikör
  (z. B. Cointreau)
» 100 ml Orangensaft
» 1 EL Zitronensaft
» Abrieb von 1 Bio-Zitrone
» 1 Prise Salz
» 4 Eier, Größe M
» 30 g Mehl
» 20 g Speisestärke

Guss
» 2 Dosen Mandarinen
  (Abtropfgewicht je 175 g)
» 5 cl (50 ml) Orangenlikör
  (z. B. Cointreau)
» Saft von 2 Mandarinen
» 2 Beutel Gelatine-Fix
  (je 15 g)

» Springform 26 cm Ø

Schwierigkeit: einfach
Backzeit: 10 + 60 Minuten
Kühlzeit: 2 Stunden

1 Den Backofen auf 160 °C (140 °C Umluft) vorheizen. Die Kekse in einen Gefrier-beutel geben und so lange kneten, bis feine Brösel entstanden sind. Die Butter schmelzen und mit den Bröseln mischen. Die Masse in die Springform geben, den Boden fest andrücken und im heißen Ofen 10 Minuten backen. Den Kuchen aus dem Backofen nehmen und die Temperatur auf 130 °C (110 °C Umluft) reduzieren.

2 Den Frischkäse in einer großen Rührschüssel glatt rühren. Zucker, Orangen-likör, Orangensaft, Zitronensaft, Zitronenabrieb und Salz einrühren. Die Eier nach und nach kurz unterrühren. Das Mehl mit der Speisestärke mischen und unter die Frischkäsemasse heben.

3 Die Füllung auf den Keksboden gießen und den Kuchen nun 60 Minuten bei 130 °C (110 °C Umluft) backen. Der Kuchen ist nach Ende der Backzeit in der Mitte noch weich. Zum Festwerden der Masse den Backofen ausstellen und den Kuchen weitere 2 Stunden im geschlossenen Backofen belassen. Anschließend bei Zimmertemperatur vollständig abkühlen lassen.

4 Für den Fruchtguss die Mandarinen abgießen und mit einer Gabel zerdrücken. 5 cl (50 ml) Likör zugeben und mit dem Saft der frisch gepressten Mandarinen auf 500 ml auffüllen. Das Gelatine-Fix unterrühren und die Masse ca. 20 Minu-ten ziehen lassen. Anschließend gut durchrühren.

5 Den Käsekuchen mit dem Fruchtguss begießen, bis sich eine glatte Oberfläche gebildet hat. Den Kuchen mehrere Stunden kühlen und gut gekühlt servieren.

♥ *Der Fruchtguss ist reichlich bemessen. Sollte der Kuchen Risse haben, können Sie diese mit Fruchtguss korrigieren.*

Mit allen Sinnen genießen – der kleine Knack, wenn das zarte Karamell im Mund zerspringt, und schon entfalten sich Duft und Geschmack der leckeren Orangenlikörcreme.

Gefüllte Brandteigkugeln im Karamellmantel

Füllung

- » 3 Eigelb, Größe M
- » 50 g Zucker
- » 10 g Mehl
- » 10 g Speisestärke
- » 200 ml Milch
- » 5 cl (50 ml) Orangenlikör
  (z. B. Grand Manier)

Brandteig

- » 75 ml Milch
- » 75 ml Wasser
- » 1 Prise Salz
- » 70 g Butter
- » 2 EL Zucker
- » Mark von ½ Vanilleschote
- » 75 g Mehl
- » 2 Eier, Größe M
- » 1 Eigelb + 2 EL Wasser zum
  Bestreichen

Karamell

- » 100 g Zucker
- » ½ EL Wasser

- » Spritzbeutel mit Lochtülle

ergibt 24 Kugeln
Schwierigkeit: mittel
Backzeit: 30–35 Minuten

1 Für die Füllung die Eigelbe mit dem Zucker fest verrühren, Mehl und Speisestärke hinzugeben. Die Milch mit dem Likör in einem Topf aufkochen lassen, den Topf vom Herd nehmen.

2 Die Eigelbmasse in den Topf mit der Milch geben und unter ständigem Rühren erhitzen, bis die Creme abbindet. Die Creme vom Herd nehmen und mit Frischhaltefolie bedeckt kühl stellen.

3 Für den Brandteig die Milch zusammen mit Wasser, Salz, Butter, Zucker und Vanillemark erhitzen. Sobald die Butter geschmolzen ist, den Topf vom Herd nehmen und mit einem Schwung das Mehl in den Topf geben und mit einem Holzlöffel einrühren. Den Topf erneut auf den Herd stellen und bei mittlerer Hitze den Teig abbrennen: Dazu wird mit einem Holzlöffel so lange intensiv gerührt, bis sich der Teig zu einem Kloß entwickelt hat und eine weiße Schicht den Topfboden bedeckt.

4 Den Teig in eine Rührschüssel umfüllen, etwas auskühlen lassen und nach und nach mit einem Handrührgerät die Eier einzeln unterrühren.

5 Den Backofen auf 200 °C (180 °C Umluft) vorheizen. Den Teig in einen Spritzbeutel mit Lochtülle füllen. Den Spritzbeutel senkrecht aufsetzen und ca. 24 Tupfen mit einem Durchmesser von ca. 4 cm auf ein mit Backpapier ausgelegtes Blech spritzen. Die Spitzen der Teigtupfen mit der Eigelb-Wasser-Mischung bestreichen.

6 Das Gebäck ca. 30 bis 35 Minuten im heißen Ofen backen. Nach dem Backen mit einem Spritzbeutel die Orangencreme in die Kugeln spritzen.

7 Für das Karamell den Zucker zusammen mit dem Wasser in einem Topf mit dickem Boden erhitzen. Der Zucker darf auf keinen Fall umgerührt werden! Sobald das Karamell die richtige Farbe erreicht hat, den Topf vom Herd nehmen. Die gebackenen Kugeln in das Karamell tauchen und zu einem Turm aufschichten. Vorsicht: Karamell ist sehr heiß!

Mit dieser Torte kommen sie garantiert in Jahrmarktstimmung.
Die gebrannten Mandeln können sie selber machen, oder sie bringen
sich ein Tütchen vom nächsten Volksfest mit.

Sahnetorte mit gebrannten Mandeln

Rührteig
» *40 g Butter*
» *3 Eier, Größe M*
» *100 g Zucker*
» *½ Päckchen Vanillezucker*
» *50 g Mehl*
» *50 g Speisestärke*
» *1 TL Backpulver*
» *2 EL Mandellikör (z. B. Amaretto) zum Beträufeln*

Füllung und Dekoration
» *100 g Frischkäse*
» *65 g Creme fraîche*
» *50 g Zucker*
» *½ Päckchen Vanillezucker*
» *1–2 EL Mandellikör (z. B. Amaretto, alternativ einige Tropfen Bittermandel- aroma)*
» *150–200 g gebrannte Man- deln (Fertigprodukt oder selbst gemacht, siehe Tipp)*
» *250 g Sahne*
» *1 Päckchen Sahnefestiger*
» *Kakaopulver*

» *Springform 20 cm Ø*

1 Den Backofen auf 175 °C (Umluft 160 °C) vorheizen. Die Form fetten und mit Mehl bestäuben.

2 Für den Rührteig die Butter in einem kleinen Topf schmelzen. Vom Herd neh- men und etwas abkühlen lassen. Inzwischen die Eier mit Zucker und Vanille- zucker weiß-schaumig schlagen. Mehl, Stärke und Backpulver mischen, zur Eiermasse geben und unterrühren. Zum Schluss die abgekühlte Butter unter Rühren zugeben. Den Teig in die Form geben und im heißen Ofen (Mitte) ca. 15–20 Minuten backen. Herausnehmen und auskühlen lassen.

3 Für die Füllung Frischkäse mit Creme fraîche, Zucker und Vanillezucker glatt verrühren, mit Mandellikör oder Bittermandelaroma verfeinern. Die Mandeln hacken, einige für die Dekoration beiseite legen. Die Sahne mit Sahnefestiger steif schlagen und mit den Mandeln unter die Creme heben.

4 Den Tortenboden vorsichtig aus der Form lösen, einmal waagerecht durch- schneiden. Jeden Boden mit etwas Likör beträufeln. Auf den unteren Boden etwa ein Drittel der Mandelcreme streichen. Den zweiten Boden auflegen und die Torte ringsum mit der übrigen Mandelcreme überziehen. Die Torte kurz vor dem Servieren mit Kakao bestäuben und mit gehackten Mandeln bestreuen.

♥ *Gebrannte Mandeln selbst gemacht: 100–125 ml Wasser mit 125 g Zucker, 2 Päckchen Vanillezucker und 1 TL Zimt aufkochen, 200 g ganze, unge- schälte Mandeln zugeben. Kochen lassen, bis das Wasser verdampft ist und der Zucker kristallisiert. Hitze reduzieren und weiter Rühren, bis sich der Zucker als Karamell um die Mandeln legt. Auf Backpapier abkühlen lassen.*

Schwierigkeit: einfach
Zubereitung: 40 Minuten
Backzeit: 15–20 Minuten

Perfekt für heiße Tage: Eine exotisch-zitronige Erfrischung in Blau, die Lust auf Sommer, Sonne und Meer macht.

Blue Curaçao-Torte

Boden
» *200 g Schokoladen-*
  spritzgebäck
» *50 g Zartbitterschokolade*
» *100 g Butter*

Füllung
» *100 g Zitronenmarmelade*
» *800 g Griechischer Joghurt*
  (10 % Fett)
» *1 Limette*
» *100 g Puderzucker*
» *3 Päckchen Gelatine-Fix*
  (je 15 g)
» *250 ml Blue Curaçao*

» *Springform 26 cm Ø*

1 Das Spritzgebäck in einen Gefrierbeutel geben und fein zerbröseln. Die Schokolade sehr fein hacken und zusammen mit den Keksbröseln in eine Schüssel geben. Die Butter schmelzen und mit den Schokobröseln mischen.

2 Eine Springform mit Backpapier auslegen. Die Bröselmischung in die Springform geben und fest am Boden andrücken. Auskühlen lassen.

3 Die Zitronenmarmelade mit einer Gabel verquirlen und den Keksboden damit bestreichen. Die Limette auspressen.

4 Den Joghurt mit Limettensaft, Puderzucker und 2 Päckchen Gelatine-Fix verrühren. Die Joghurtcreme auf den Keksboden geben, verstreichen und ca. 2 Stunden kühl stellen.

5 Den Likör mit 1 Päckchen Gelatine-Fix verrühren und auf die Joghurtmasse geben, sodass ein blauer Spiegel entsteht. Weitere 3 Stunden auskühlen lassen.

♥ *Wer mag, kann 50 g Rollfondant zwischen zwei Lagen Backpapier ausrollen und mit einem Plätzchenausstecher Sterne, Palmen, Fische oder Eisbären ausstechen und auf dem Kuchen verteilen.*

Schwierigkeit: einfach
Kühlzeit: 2 + 3 Stunden

Man soll die Feste feiern wie sie fallen. Für besonders spontane Feiern eignet sich diese kinderleichte Sahnetorte mit saftigem Boden und einer dicken Schicht Zitronensahne!

Sekttorte mit Zitronensahne

Rührteig
- » *100 g weiche Butter*
- » *125 g Zucker*
- » *½ Päckchen Vanillezucker*
- » *2 Eier, Größe M*
- » *110 g Mehl*
- » *½ TL Backpulver*
- » *½ Päckchen Vanille-puddingpulver*
- » *1 EL Zitronensaft*
- » *abgeriebene Schale von ½ Bio-Zitrone*
- » *etwa 8 cl (80 ml) Sekt (oder Prosecco) zum Tränken*

Zitronensahne
- » *400–600 g Sahne*
- » *50 g Puderzucker*
- » *abgeriebene Schale von 1 Bio-Zitrone*

Dekoration
- » *1 Bio-Zitrone*
- » *25 g gehackte Pistazien*

- » *Springform 20 cm Ø*

1 Den Backofen auf 175 °C (Umluft 155 °C) vorheizen. Die Form fetten und mit Mehl bestäuben.

2 Für den Rührteig die Butter weiß-schaumig schlagen, dabei Zucker und Vanillezucker einrieseln lassen. Die Eier einzeln nacheinander jeweils 1 Minute unterrühren. Mehl mit Backpulver und Puddingpulver mischen. Mit Zitronensaft und Zitronenschale unter die Buttermasse rühren. Den Teig in die Form füllen und im heißen Ofen (Mitte) ca. 25 Minuten backen. Herausnehmen und etwas abkühlen lassen.

3 Dann den Boden vorsichtig aus der Form lösen und mit einem Holzstäbchen mehrfach einstechen. Den Sekt gleichmäßig über den Boden träufeln. Den Boden vollständig auskühlen lassen.

4 Für die Zitronensahne die Sahne mit Puderzucker und Zitronenschale steif schlagen. Mit etwa 400 g Sahne ringsum die Torte bestreichen. Die übrige Sahne in einen Spritzbeutel mit Rosentülle füllen und dicke Wellen auf die Torte spritzen.

5 Für die Dekoration die Zitrone halbieren und in dünne Scheiben schneiden. Die Torte mit Zitronenscheiben und gehackten Pistazien dekorieren.

Schwierigkeit: einfach
Zubereitung: 40 Minuten
Backzeit: 25 Minuten

Zaubern Sie mit köstlichen Kaffeearomen eine besonders belebende Variante der beliebten Schaumrolle.

Knusprige Schaumrollen mit Kaffeesahne

Teig

» 1 Packung Blätterteig (275 g), backfertig ausgerollt
» 1 Eigelb, Größe M
» 2 EL Sahne

Füllung

» 200 g Sahne
» 100 g Mascarpone
» 2 TL löslicher Kaffee
» 5 cl (50 ml) Kaffeelikör (z. B. Kahlua oder Tia Maria)
» 1 Päckchen Gelatine-Fix (15 g)

Dekoration

» schokolierte Espressobohnen

» 4 Schaumrollen-Backformen 13 cm Länge
» Spritzbeutel

1 Den Backofen auf 200 °C (Umluft 180 °C) vorheizen. Den Blätterteig aufrollen und in vier gleich breite Streifen schneiden. Die Schaumrollen-Formen mit Wasser benetzen. Die Teigstreifen überlappend um die Formen wickeln.

2 Das Eigelb mit der Sahne verquirlen, die Rollen damit bestreichen und 10 Minuten einwirken lassen, dann mit der Nahtseite nach unten auf ein mit Backpapier belegtes Backblech legen. Die Rollen 15 Minuten im heißen Ofen backen, von der Form ziehen und 15 Minuten auskühlen lassen.

3 Die Sahne schlagen. Mascarpone, löslichen Kaffee und Kaffeelikör zu einer glatten Masse verrühren. Gelatine-Fix hinzugeben und gut mischen. Die geschlagene Sahne vorsichtig unterheben.

4 Die Füllung in einen Spritzbeutel mit großer Öffnung geben und von beiden Seiten in die Schaumrollen spritzen. Die Enden mit den schokolierten Espressobohne versehen. Die Rollen sofort servieren. Die restliche Creme in einem Schälchen dazu reichen.

♥ *Schaumrollen zu formen gelingt nur mit einer entsprechenden Backform-Rolle einwandfrei. Die leicht konischen Rohre gibt es in Fachgeschäften. Eigenbauten aus Papprollen funktionieren nur bedingt, man muss sie zuvor mit Alufolie umwickeln und einfetten, sonst klebt der Teig zu stark.*

ergibt 4 Schaumrollen
Schwierigkeit: mittel
Backzeit: 15 Minuten

Der Pfefferminzlikör gibt den knusprigen Schoko-Whoopies einen besonders frechen Touch.

Whoopie Pies mit Minzfüllung

Rührteig
» 230 g Mehl
» 80 g Kakaopulver
» 1 ½ TL Weinstein-Back-
   pulver
» 1 TL Salz
» 125 g weiche Butter
» 200 g brauner Zucker
» 1 Ei, Größe M
» Mark von ½ Vanilleschote
» 250 ml Milch

Füllung
» 100 g weiche Butter
» 200 g Frischkäse
» 400 g Puderzucker, gesiebt
» 2 EL Pfefferminzlikör

Dekoration
» Minzblättchen

» Spritzbeutel mit
   großer Tülle

1 Den Backofen auf 180 °C (160 °C Umluft) vorheizen. Das Mehl mit Kakao, Backpulver und Salz in eine Schüssel sieben. Die Butter mit dem Zucker in einer zweiten Schüssel mit dem Handrührgerät zu einer cremigen Masse verrühren. Ei und Vanillemark hinzugeben und noch einmal auf höchster Stufe 1 bis 2 Minuten schlagen. Die Mehlmischung und die Milch nach und nach zur Eiermasse geben und unterrühren.

2 Auf ein mit Backpapier belegtes Backblech ca. 20 walnussgroße Teighäufchen setzen. Zwischen den Klecksen sollte etwas Abstand bleiben, da der Plätzchenteig beim Backen auseinanderläuft. Die Whoopies im heißen Ofen ca. 10 Minuten backen. Dann das zweite Blech mit ebenfalls ca. 20 Teighäufchen backen.

3 Die Plätzchen nach dem Backen noch einige Minuten auf dem Backpapier belassen, anschließend auf ein Abkühlgitter geben und auskühlen lassen.

4 Die völlig ausgekühlten Whoopies paarweise zusammenlegen, sodass jeweils zwei Whoopies mit etwa der gleichen Größe zusammenliegen.

5 Die Butter mit Frischkäse und gesiebtem Puderzucker zu einer cremigen Masse schlagen. Den Pfefferminzlikör hinzugeben und noch einmal kurz schlagen.

6 Die Creme in einen Spritzbeutel mit großer Tülle geben und jeweils auf die untere Hälfte des Whoopies spritzen. Den Deckel aufsetzen und sanft andrücken. Nach Belieben mit kleinen Minzblättchen verzieren.

ergibt ca. 20 Stück
Schwierigkeit: einfach
Backzeit: 10 Minuten

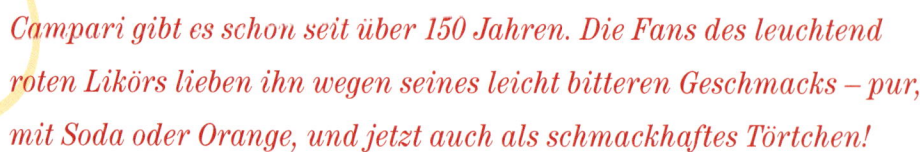

Campari gibt es schon seit über 150 Jahren. Die Fans des leuchtend roten Likörs lieben ihn wegen seines leicht bitteren Geschmacks – pur, mit Soda oder Orange, und jetzt auch als schmackhaftes Törtchen!

Campari-Törtchen

Boden
» *55 g Löffelbiskuit*
» *40 g Butter*

Füllung
» *200 g saure Sahne*
» *2 EL Puderzucker*
» *1 Beutel Gelatine-Fix (15 g)*

Dekoration
» *1 Päckchen klarer Tortenguss*
» *5 cl (50 ml) Campari*
» *1 Bio-Orange*

» *4 Dessertringe 6 cm Ø*

ergibt 4 Törtchen
Schwierigkeit: einfach
Kühlzeit: 2 Stunden

1 Die Löffelbiskuits in einen Gefrierbeutel geben und mit den Händen oder einem Nudelholz zerkleinern. Die Butter in einem Topf schmelzen und mit den Bröseln mischen. Die Bröselmasse auf die Dessertringe verteilen und festdrücken.

2 Für die Füllung die saure Sahne mit Puderzucker mischen und glatt rühren, Gelatine-Fix unter Rühren einrieseln lassen und verühren. Die Creme auf die Dessertringe verteilen.

3 Den Tortenguss nach Packungsanleitung zubereiten, dabei 50 ml der angegebenen Flüssigkeitsmenge durch Campari ersetzen.

4 Mit einem Sparschäler die Orange kreisförmig dünn abschälen (es sollte keine weiße Haut an der Schale haften), die Schalenstreifen sollen ca. ½ cm breit sein. Die Orangenschalen spiralförmig auf die Creme legen.

5 Den Schalenstreifen mit Tortenguss bedecken und die Törtchen für 2 Stunden in den Kühlschrank stellen.

6 Anschließend den Ring mit einem langen, in heißes Wasser getauchten Messer lösen und vorsichtig abheben.

♥ *Denken Sie daran, auch Bio-Früchte müssen gut gewaschen werden, bevor man die Schale verwendet.*

Mit diesen feinen Eclairs vergolden Sie jede festliche Kaffeetafel: elegant, edel und himmlisch gut!

Eclairs mit Eierlikörsahne

Füllung

- » 200 g Sahne
- » 3 Blatt Gelatine
- » 4 cl (40 ml) Eierlikör
- » 150 g Griechischer Joghurt (10 % Fett)

Brandteig

- » 100 ml Milch
- » 1 Prise Salz
- » 40 g Butter
- » 80 g Mehl
- » 2 Eier, Größe M

Dekoration

- » 4 Stück essbares Blattgold 8 x 8 cm
- » oder 1 EL Puderzucker

- » Spritzbeutel

ergibt 8 Stück
Schwierigkeit: mittel
Backzeit: 35 Minuten
Kühlzeit: 2 Stunden

1 Für die Füllung die Sahne mit dem Handrührgerät steif schlagen. Die Gelatine in kaltem Wasser 5 Minuten einweichen. Eierlikör und Joghurt unter die geschlagene Sahne rühren. Gelatine abtropfen lassen und im Wasserbad schmelzen. 2 Esslöffel der Sahne in die Gelatine einrühren, dann die Gelatinemasse unter die Sahne heben. Im Kühlschrank 2 Stunden kühl stellen.

2 Für den Teig die Milch mit Salz und Butter zum Kochen bringen. Sobald die Butter geschmolzen ist, den Topf von der Platte nehmen, das Mehl hinzugeben und kräftig rühren. Den Topf zurück auf die Herdplatte stellen und bei geringer Hitze rühren, bis der Teig zu einem Kloß wird und sich am Topfboden ein weißer Belag bildet. Den Teig in eine Schüssel geben, etwas abkühlen lassen, dann die Eier mit einem Handrührgerät nach und nach untermischen.

3 Den Backofen auf 200 °C (180 °C Umluft) vorheizen. Ein Backblech mit Backpapier auslegen. Den Teig in einen Spritzbeutel mit großer Sterntülle füllen und ca. 10 cm lange und 3 cm breite Streifen auf das Backblech spritzen. Die Teigstreifen ca. 30 bis 35 Minuten backen, anschließend kurz abkühlen lassen.

4 Die Füllung in einen Spritzbeutel mit schmaler Lochtülle füllen. An den Enden und in der Mitte der Eclairs drei kleine Öffnungen anbringen. Die Creme zuerst an den Enden einspritzen, anschließend in der Mitte auffüllen.

5 Die Goldblättchen vorsichtig halbieren und mit einem Pinsel auf die Eclairs auftragen oder die Eclairs mit Puderzucker bestäuben.

Blitzschnell stehen diese fruchtig-leckeren Törtchen auf dem Tisch.
Man kann sie natürlich auch mit anderen Obstsorten zubereiten.

Beschwipste Heidelbeer-Törtchen

Rührteig

» 50 g Mehl
» 50 g Speisestärke
» 1 TL Backpulver
» 2 TL Vanillezucker
» 100 ml neutrales Speiseöl
  (z. B. Distelöl)
» 100 ml Eierlikör
» 2 Eier, Größe M
» etwas Öl zum Auspinseln

Füllung und Dekoration

» 200 ml Sahne
» 1 Päckchen Sahnesteif
» 4 cl (40 ml) Eierlikör
» Puderzucker
» 100 g frische Heidelbeeren

» 6 Tortelettformen 12 cm Ø

1 Den Backofen auf 175 °C (Umluft 155 °C) vorheizen. Das Mehl mit Speisestärke und Backpulver in einer Rührschüssel mischen. Öl, Likör und Eier hinzugeben und die Masse mit dem Handrührgerät zu einem cremigen Teig verrühren.

2 Die Formen mit Öl auspinseln. Den Teig auf die Formen verteilen., jede Form sollte ca. 60 g Teig enthalten. Die Törtchen im heißen Ofen ca. 15 Minuten backen. Danach aus der Form stürzen und auf einem Gitter auskühlen lassen.

3 Die Sahne mit dem Sahnesteif steif schlagen. Den Eierlikör vorsichtig unterheben. Die Törtchen mit Puderzucker bestreuen, die Eierlikörsahne darauf verteilen und mit frischen Heidelbeeren verzieren. Sofort servieren.

ergibt 6 Törtchen
Schwierigkeit: einfach
Backzeit: 15 Minuten

Ein raffinierter süßer Kuchengenuss mit Pudding,
der wohlige Kindheitserinnerungen weckt.

Puddingkuchen mit Eierlikör

Quark-Öl-Teig
» 75 g Quark
» 2 EL neutrales Öl (z. B. Son-
   nenblumen- oder Distelöl)
» 2 EL Milch
» 50 g Zucker
» 1 Ei, Größe M
» 200 g Mehl
» 2 TL Backpulver

Belag 1
» 1 Päckchen Vanille-
   puddingpulver
» 40 g Zucker
» 400 ml Milch
» 250 g Quark

Belag 2
» 1 Päckchen Vanille-
   puddingpulver
» 400 ml Milch
» 140 g Zucker
» 100 g weiche Butter
» 4 Eier, Größe M
» 100 ml Eierlikör
» 1 Prise Salz
» 1 EL Speisestärke

Dekoration
» 1 EL brauner Zucker
» Puderzucker

» Springform 26 cm Ø

1 Für den Belag 1 den Pudding nach Packungsanleitung, jedoch mit 400 ml statt mit 500 ml Milch und 40 g Zucker zubereiten! Den Pudding erkalten lassen.

2 Für den Belag 2 den Pudding nach Packungsanleitung kochen, aber wieder mit nur 400 ml Milch und 40 g Zucker. Die Butter in den noch heißen Pudding einrühren, bis sie vollständig geschmolzen ist. Die Puddingmasse abkühlen lassen.

3 Nun für den Quark-Öl-Teig Quark, Öl, Milch und Zucker verrühren. Das Ei unterrühren. Mehl und Backpulver zugeben und mit dem Knethaken kurz verkneten. Den Teig ausrollen, in eine Springform geben und den Boden damit auskleiden.

4 Die Eier trennen. Die Eigelbe zum Pudding für Belag 2, das Eiweiß in eine extra Schüssel geben. Den restlichen weißen Zucker und den Eierlikör eben-falls zur Puddingmasse hinzufügen und zu einer glatten Creme verrühren. Das Eiweiß mit einer Prise Salz steif schlagen. Die Speisestärke auf das Eiweiß sieben und vorsichtig unter die Puddingmasse heben.

5 Den Backofen auf 175 °C (155 °C Umluft) vorheizen. Nun den erkalteten Pudding für Belag 1 mit dem Quark zu einer glatten Creme verrühren.

6 Den Belag 1 auf den Quark-Öl-Teig in die Springform geben. Anschließend Belag 2 darauf verstreichen.

7 Den Kuchen im heißen Ofen auf mittlerer Schiene ca. 60 Minuten backen. 10 Minuten vor Backende mit braunem Zucker bestreuen. Den Kuchen noch 15 Minuten in der Form auskühlen lassen, dann den Ring mit einem Messer lockern, abnehmen und den Kuchen auf einem Gitter abkühlen lassen. Vor dem Servieren mit Puderzucker bestreuen.

Schwierigkeit: mittel **Backzeit:** 60 Minuten **Kühlzeit:** 1 ½ Stunden

Köstlichkeiten mit Hoch-prozentigem

*Die klassische Donauwelle mit einem Schuss Weinbrand –
lecker wie ein kleines Praliné.*

Donauwelle mit Schuss

Rührteig
» *2 Gläser Sauerkirschen*
  (Abtropfgewicht je 350 g)
» *100 ml Weinbrand*
» *250 g weiche Butter*
» *200 g Zucker*
» *1 Päckchen Vanillezucker*
» *1 Prise Salz*
» *5 Eier, Größe M*
» *375 g Mehl*
» *3 T gestrichene EL Back-*
  pulver
» *20 g Kakaopulver*
» *1 Prise Zimt*

Creme
» *1 Päckchen Vanille-*
  puddingpulver
» *500 ml Milch*
» *60 g Zucker*
» *250 g weiche Butter*

Guss
» *200 g Zartbitterschokolade*
» *100 g Sahne*
» *1 cl (10 ml) Weinbrand*

» *Backrahmen 30 x 30 cm*

Schwierigkeit: mittel
Marinierzeit: 12 Stunden
Backzeit: 40 Minuten
Kühlzeit: 3 x 1 Stunde

1 Die Kirschen abgießen und mit dem Weinbrand über Nacht ziehen lassen.

2 Den Backofen auf 175 °C (155 °C Umluft) vorheizen. Für den Teig die Butter mit einem Handrührgerät cremig rühren. Nach und nach Zucker, Vanillezucker und Salz einrieseln lassen, bis eine cremige Masse entsteht. Die Eier einzeln unterrühren. Mehl und Backpulver mischen und unter die Masse rühren.

3 Ein Backblech mit Backpapier belegen und den Backrahmen darauf setzen. Die Weinbrand-Kirschen abgießen, abtropfen lassen und den Weinbrand auffangen.

4 Die Hälfte des Teigs in den Backrahmen geben und gleichmäßig verstreichen. Die zweite Hälfte des Teigs mit Kakaopulver, Zimt und 1 EL des aufgefangenen Weinbrands mischen. Den dunklen Teig auf dem hellen Teig verteilen. Die Kirschen auf den dunklen Teig geben und leicht andrücken. Den Kuchen im heißen Ofen ca. 40 Minuten backen, dann auf dem Backblech vollständig erkalten lassen.

5 Für die Buttercreme das Puddingpulver nach Packungsanleitung mit 500 ml Milch, aber mit 60 g Zucker zubereiten. Den Pudding bei Raumtemperatur erkalten lassen und dabei gelegentlich umrühren.

6 Die weiche Butter mit dem Handrührgerät cremig rühren. Den Pudding nun nach und nach unter die Butter mengen, dabei ist es wichtig, dass Pudding und Butter Zimmertemperatur haben, damit die Creme nicht gerinnt. Die Buttercreme gleichmäßig auf den Kuchen streichen und anschließend 1 Stunde kalt stellen.

7 Für den Guss die Schokolade hacken. Die Sahne einmal kurz aufkochen lassen, vom Herd nehmen, die gehackte Schokolade dazugeben und in der Sahne schmelzen lassen. Den Weinbrand dazugeben, verrühren und leicht abkühlen lassen. Den Schokoladenguss auf die ausgehärtete Buttercremeschicht streichen.

Diese Kirschstreuseltarte schmeckt zu jeder Jahreszeit, am besten aber, wenn frische dunkelrote Kirschen in den sieben Kirschwochen von Ende Mai bis Anfang August zum Naschen einladen.

Kirschstreuseltarte mit Geist

Mürbeteig
- » 100 g Butter
- » 70 g Zucker
- » 1 Prise Salz
- » 1 Ei, Größe M
- » 200 g Mehl
- » 30 g gemahlene Mandeln
- » 1 Päckchen Vanillezucker
- » Hülsenfrüchte zum Blindbacken
- » 50 g Mandelblättchen

Füllung
- » 2 Gläser Sauerkirschen (Abtropfgewicht je 350 g)
- » 6 cl (60 ml) Kirschwasser
- » 20 g Speisestärke
- » 100 g Zucker
- » 1 Msp. Piment

Streusel
- » 150 g Mehl
- » 100 g Zucker
- » 120 g Butter
- » 1 Prise Salz
- » 60 g Mandelblättchen

- » Tarteform 28 cm Ø mit Hebeboden

1 Die Kirschen für die Füllung abtropfen lassen und den Saft auffangen. Die Kirschen mit dem Kirschwasser verrühren und mindestens 2 Stunden, am besten aber über Nacht, marinieren lassen.

2 Butter, Zucker und Salz in einer Schüssel mit dem Knethaken mischen. Das Ei hinzugeben. Zum Schluss das Mehl mit den Mandeln und dem Vanillezucker einkneten. Den Teig in Frischhaltefolie wickeln und ca. 1 Stunde kühlen.

3 Den Backofen auf 175 °C (155 °C Umluft) vorheizen. Den Boden der Tarteform mit Backpapier belegen. Den Teig ausrollen und die Form damit auslegen, den Rand 2 Zentimeter hochziehen, den Boden mehrfach mit einer Gabel einstechen.

4 Zum Blindbacken den Teig mit Backpapier belegen, die Hülsenfrüchte darauf verteilen und im heißen Ofen 12 Minuten backen. Die Form aus dem Ofen nehmen, das Backpapier mit den Hülsenfrüchten entfernen und den Boden weitere 3 Minuten backen. Die Mandelblättchen auf dem Kuchenboden verteilen.

5 Die in Kirschwasser eingelegten Kirschen abtropfen lassen und die Flüssigkeit auffangen. Die Flüssigkeit mit dem Kirschsaft auf 250 ml auffüllen. Die Speisestärke mit 4 EL der Saftmischung anrühren. Die restliche Flüssigkeit mit Zucker und Piment zum Kochen bringen. Die Stärke hinzugeben und unter ständigem Rühren noch einmal aufkochen lassen. Die Kirschen unterrühren und die Füllung gleichmäßig auf dem Tarteboden verteilen.

6 Für die Streusel Mehl, Zucker, Butter und Salz verkneten. Die Mandelblättchen vorsichtig einarbeiten, sodass lockere Streusel entstehen. Die Streusel auf dem Kuchen verteilen. Die Tarteform auf Backpapier auf den Rost stellen (um austretenden Kirschsud aufzufangen) und im heißen Backofen 40 Minuten backen.

Schwierigkeit: mittel
Backzeit: 12 + 40 Minuten
Marinierzeit: 2–12 Stunden
Zubereitungszeit: 40 Minuten
Kühlzeit: 1 Stunde

Ein Prachtstück für besondere Anlässe. Die Blüten verzaubern durch ihre Eleganz und adeln die köstliche Torte durch ihre Schönheit.

Feine Vanille-Punsch-Torte

Biskuitteig

» *300 g Zucker*
» *1 Päckchen Vanillezucker*
» *1 Prise Salz*
» *1 Msp. Zitronenabrieb*
» *8 Eier, Größe M*
» *250 g Mehl*
» *50 g Speisestärke*

Punsch

» *1 Vanilleschote*
» *300 ml trockener Weißwein*
» *50 g brauner Zucker*
» *1 Zimtstange*
» *2 cl (20 ml) Arak*
» *1 daumennagelgroßes Stück Ingwer*
» *Saft von ½ Zitrone*

Füllung

» *1 Päckchen Vanille-puddingpulver*
» *500 ml Milch*
» *250 g Mascarpone*
» *1 Päckchen Gelatine-Fix (15 g)*
» *2 EL Zitronenmarmelade*
» *1 Marzipandecke (z. B. von Dr. Oetker)*

Guss und Dekoration

» *200 g Puderzucker*
» *essbare Blüten*

1 Die Eier mit Zucker, Vanillezucker, Salz und Zitronenabrieb über einem heißen Wasserbad mit einem Schneebesen aufschlagen. Anschließend die Schüssel vom Wasserbad nehmen und die Eiermasse mit einem Handrührgerät kalt schlagen, bis eine cremige Masse entsteht.

2 Den Backofen auf 180 °C (Umluft 160 °C) vorheizen. Das Mehl mit der Speisestärke mischen, sieben und mit dem Teigschaber unter die Eiermasse heben. Den Teig in eine mit Backpapier ausgelegt Springform mit 26 cm Durchmesser geben und im heißen Ofen ca. 40 Minuten backen. Nach dem Backen den Biskuit aus der Form lösen und auskühlen lassen. Den ausgekühlten Biskuit zweimal waagerecht durchschneiden.

3 Für den Punsch die Vanilleschote aufschlitzen und das Mark auskratzen. Den Weißwein mit der Vanilleschote und dem Mark in einen Topf geben. Zucker, Zimtstange, Arak, Ingwer und Zitronensaft hinzufügen und aufkochen lassen.

4 Den Pudding nach Packungsanleitung zubereiten und auf Zimmertemperatur erkalten lassen. Den Pudding dabei mit Frischhaltefolie bedecken. Nun den erkalteten Pudding mit dem Mascarpone zu einer glatten Creme verrühren. Den Punsch durch ein Sieb abgießen. Die Puddingmasse mit 2 cl Punsch und dem Gelatine-Fix glatt rühren.

5 Den unteren Boden mit 7 cl Punsch tränken. Etwa ein Drittel der Puddingcreme auf dem unteren Boden verteilen. Den mittleren Boden aufsetzen und mit 100 ml Punsch tränken. Die restlichen zwei Drittel der Puddingcreme auf dem mittleren Boden verteilen. Die Schnittfläche des oberen Bodens mit 7 cl Punsch tränken und den Deckel auf die Torte aufsetzen.

6 Die Zitronenmarmelade verquirlen und den Tortendeckel damit bestreichen. Die Marzipandecke abrollen, über die Torte legen und andrücken.

7 Den Puderzucker mit 3 cl Punsch und gegebenenfalls etwas Wasser zu einer glatten, streichfähigen Masse verrühren. Den Kuchen mit der Puderzuckerglasur bepinseln und die Glasur fest werden lassen. Mit Blüten dekorieren.

Schwierigkeit: raffiniert
Backzeit: 40 Minuten
Kühlzeit: mehrere Stunden

Ein ordentlicher Schuss Rum verleiht dieser feinen Torte ein unverwechselbares Aroma.

Zwetschgen-Mohn-Torte

Mürbeteig
- » *100 g kalte Butter*
- » *70 g Zucker*
- » *1 Prise Salz*
- » *240 g Mehl*
- » *30 g gemahlene Mandeln*
- » *1 Ei, Größe M*
- » *1 Prise Zimt*

Füllung
- » *1 kg Backzwetschgen*
  (z. B. Bühler Zwetschge)
- » *120 ml Rum*
- » *1 Marzipandecke (ca. 150 g,*
  z. B. von Dr. Oetker)
- » *2 Päckchen Mohnback*
- » *4 Eier, Größe M*
- » *750 g Sahnequark*
- » *100 g Zucker*
- » *1 Päckchen Vanille-*
  puddingpulver
- » *Schalenabrieb von*
  1 Bio-Zitrone
- » *2 EL brauner Zucker*
- » *50 g gestiftelte Mandeln*

Guss
- » *1 Päckchen klarer*
  Tortenguss

- » *Springform 26 cm Ø*

1 Für die Füllung die Zwetschgen waschen, entsteinen, aufklappen und über Nacht mit 100 ml Rum marinieren. Nach dem Marinieren die Pflaumen abtropfen lassen und die Flüssigkeit auffangen.

2 Für den Teig die Butter mit dem Zucker verkneten. Salz, Mehl, Mandeln, Ei und Zimt hinzugeben und einarbeiten. Aus dem Teig eine Kugel formen, in Frischhaltefolie hüllen und 1 Stunde im Kühlschrank kalt stellen.

3 Den Backofen auf 175 °C (155 °C Umluft) vorheizen. Den Teig ausrollen. Eine mit Backpapier ausgelegte Springform mit dem Teig auskleiden, den Rand dabei bis ganz nach oben ziehen, den Boden mehrfach mit einer Gabel einstechen. 10 Minuten im heißen Ofen vorbacken. Den Mürbeteig aus dem Ofen nehmen, den Ofen eingeschaltet lassen.

4 Aus der Marzipandecke einen Kreis mit dem Durchmesser der Springform ausschneiden. Das Marzipan auf den vorgebackenen Teig in die Springform legen. Das Mohnback mit zwei 2 Eiern und dem restlichen Rum mischen und auf die Marzipandecke streichen.

5 Den Quark mit den restlichen 2 Eiern, Zucker, Puddingpulver und Zitronenabrieb verrühren. Die Quarkmasse auf die Mohnschicht geben und gleichmäßig verstreichen.

6 Die Zwetschgen kreisförmig auf dem Kuchen verteilen und mit dem braunen Zucker und den Mandelstiften bestreuen. Im heißen Ofen ca. 60 Minuten backen. Abkühlen lassen.

7 Die Pflaumenflüssigkeit mit Wasser auf 250 ml auffüllen und damit den Tortenguss nach Packungsanleitung zubereiten und die Torte damit überziehen.

Schwierigkeit: mittel
Backzeit: 10 + 60 Minuten
Kühlzeit: 1 Stunde
Marinierzeit: 12 Stunden

Köstlichkeiten mit Hochprozentigem

Diese feine Torte enthält den südafrikanischen Sahnelikör mit dem leichten Karamellgeschmack. So lässt sich am besten von imposanten Elefanten unter großen, schattigen Bäumen träumen.

African Queen

Mürbeteig

- » 100 g kalte Butter
- » 70 g Zucker
- » 1 Prise Salz
- » 1 Ei, Größe M
- » 200 g Mehl
- » 30 g gemahlene Mandeln
- » 1 Msp. Zimt
- » Hülsenfrüchte zum Blindbacken

Füllung

- » 250 ml Amarula-Likör
- » 1 Päckchen Vanillepuddingpulver
- » 2 Eigelb, Größe M
- » 250 ml Milch
- » 10 g Zucker

Guss und Dekoration

- » 240 ml Kirschsaft
- » 10 ml Wodka
- » 1 Päckchen Gelatine-Fix (15 g)
- » 16 Physalis-Früchte

- » Tarteform 28 cm Ø mit Hebeboden

Schwierigkeit: einfach
Backzeit: 20 Minuten
Kühlzeit: 1 + 3 + 2 Stunden

1 Butter, Zucker und Salz in eine Schüssel geben und mit dem Knethaken verrühren. Das Ei hinzufügen. Zum Schluss Mehl, Mandeln und Zimt einkneten. Den Teig in Frischhaltefolie wickeln und ca. 1 Stunde kühlen.

2 Den Backofen auf 175 °C (155 °C Umluft) vorheizen. Den Boden der Tarteform mit Backpapier belegen. Den Teig ausrollen, in die Form füllen und den Boden mehrfach mit einer Gabel einstechen. Zum Blindbacken den Teig mit Backpapier belegen, die Hülsenfrüchte darauf verteilen und im heißen Ofen ca. 15 Minuten backen. Dann das Backpapier mit den Hülsenfrüchten entfernen und den Teig weitere 5 Minuten backen. Die Tarte in der Form auf einem Kuchengitter auskühlen lassen.

3 Für die Füllung den Amarula-Likör mit dem Puddingpulver und den Eigelben mischen. Die Milch mit dem Zucker in einem größeren Topf zum Kochen bringen. Sobald sie kocht, den Topf vom Herd nehmen, die Amarula-Eiermasse mit einem Schneebesen kräftig einrühren, den Topf zurück auf den Herd stellen und alles kurz aufkochen lassen. Dabei mit dem Schneebesen kräftig rühren, da die Masse schnell anbrennt. Die Füllung noch heiß auf der Tarte verteilen und glatt streichen. 3 Stunden durchkühlen lassen.

4 Für den Guss Kirschsaft, Wodka und Gelatine-Fix verrühren, die Physalis waschen. Jeweils 1 Physalis auf ein Kuchenstück setzen. Zum Schluss den Kirsch-Wodka-Guss vorsichtig auf die abgekühlte Tarte gießen und 2 Stunden fest werden lassen.

♥ *Wenn Sie das Afrika-Feeling noch steigern wollen, bieten Sie zur Torte einen African Queen-Cocktail an. Dazu mischt man je 4 cl (40 ml) Amarula, Kirschsaft und Milch. Den Mix mit Eiswürfeln shaken und im Stielglas servieren.*

Köstlichkeiten mit Hochprozentigem

Diese Tarte ist ein Cocktail in Tortenform und lässt sogleich einen erfrischenden Hauch Karibik über den Tisch wehen. Perfekt für heiße Sommertage!

Pina Colada-Tarte

Mürbeteig
» 100 g kalte Butter
» 70 g Zucker
» 1 Prise Salz
» 1 Ei, Größe M
» 200 g Mehl
» 30 g Kokosraspel
» Hülsenfrüchte zum
  Blindbacken

Füllung
» 150 ml weißer Rum
» 150 ml Kokosmilch
» 250 ml Ananassaft
» 3 Beutel Gelatine-Fix
  (je 15 g)
» 200 g Sahne

Dekoration
» ½ frische Ananas
» Cocktailkirschen
» Cocktailspieße

» Tarteform 28 cm Ø
  mit Hebeboden

Schwierigkeit: einfach
Backzeit: 20 Minuten
Kühlzeit: 3–4 Stunden

1 Butter, Zucker und Salz in eine Schüssel geben und mit dem Knethaken verrühren. Das Ei hinzugeben. Zum Schluss das Mehl und die Kokosflocken einkneten. Den Teig in Frischhaltefolie wickeln und ca. 1 Stunde kühlen.

2 Den Backofen auf 175 °C (155 °C Umluft) vorheizen. Den Boden der Tarteform mit Backpapier belegen. Den Teig ausrollen, die Form gleichmäßig damit auslegen und den Boden mehrfach mit einer Gabel einstechen.

3 Zum Blindbacken Backpapier auf den Teig legen, die Hülsenfrüchte darauf verteilen und im heißen Ofen ca. 15 Minuten backen. Die Form aus dem Ofen nehmen, das Backpapier mit den Hülsenfrüchten entfernen und den Teig weitere 5 Minuten backen. Die Tarte in der Form auf einem Kuchengitter auskühlen lassen.

4 Für die Füllung Rum, Kokosmilch und Ananassaft mit 2 Päckchen Gelatine-Fix verrühren. Die Sahne mit dem dritten Päckchen Gelatine-Fix aufschlagen. Nun die Sahne unter die Rummischung rühren und auf der Tarte verteilen, 2 bis 3 Stunden kühl stellen.

5 Die Ananas waschen und schälen, die „Augen" entfernen, die Frucht vierteln und den Strunk entfernen. Die Ananas in dünne Scheiben, die Scheiben in kleine Stücke schneiden. Jeweils zwei Stückchen zusammen mit einer Cocktailkirsche auf ein Cocktailspießchen stecken und die Tarte damit belegen.

Ein wahrer Schokoladentraum, verfeinert mit den Aromen von Rum, Kaffee und Vanille. Lassen Sie diesen Kuchen ruhig einen Tag durchziehen – er schmeckt dann noch grandioser!

Schokoladentorte „Tia Maria"

Rührteig

» 50 g dunkle Schokolade
» 100 g weiche Butter
» 80 g Zucker
» 2 Eier, Größe M
» 80 g Mehl
» 30 g Stärke
» ½ TL Backpulver
» 20 g Kakaopulver
» 1 Prise Salz
» Schalenabrieb von
  1 Bio-Orange
» 50 g Schmand
» 2 cl (20 ml) Kaffeelikör
  (z. B. Tia Maria)
» 1 EL löslicher Espresso

Streiche

» 2 cl (20 ml) weißer Rum
» 4 cl (40 ml) Kaffeelikör
  (z. B. Tia Maria)
» 2 EL Orangenmarmelade

Guss und Dekoration

» 100 g Kuchenglasur
  „Dunkle Schokolade"
» 20 g Butter
» 1 EL Orangenmarmelade
» Goldzucker (nach Belieben)

» Springform 20 cm Ø

1 Den Backofen auf 175 °C (Umluft 155 °C) vorheizen. Die Schokolade über einem heißen Wasserbad schmelzen. Die Butter mit dem Zucker cremig rühren. Nach und nach die beiden Eier unterrühren. Mehl, Stärke, Backpulver, Kakao und Salz mischen und zum Teig geben. Orangenabrieb, Schmand, 2 cl Kaffeelikör, löslichen Espresso und die geschmolzene Schokolade unterrühren.

2 Den Teig in die mit Backpapier ausgelegte Springform füllen und im heißen Ofen 35 Minuten backen (Stäbchenprobe). Den fertig gebackenen Kuchen sofort vom Rand lösen, jedoch in der Form belassen.

3 Für die Streiche Rum, 4 cl Kaffeelikör und die Orangenmarmelade gut verrühren und den noch warmen Kuchen damit übergießen. Sobald die Flüssigkeit eingezogen ist, den Kuchen aus der Form nehmen und auf einem Kuchengitter auskühlen lassen.

4 Für den Guss Kuchenglasur und Butter in einen Topf geben und über einem Wasserbad schmelzen. Dabei gut verrühren. Ca. 1 EL Orangenmarmelade auf dem Kuchen glatt verstreichen. Nun die Glasur auftragen und nach Belieben mit Goldzucker verzieren.

Schwierigkeit: mittel
Backzeit: 35 Minuten
Kühlzeit: 2 Stunden

Diesem köstlichen Kuchen hätte Vico Torriani mit Sicherheit ein echtes italienisches Liebeslied gewidmet.

Grappa-Tarte mit Trauben und Mandeln

Mürbeteig

- » *100 g kalte Butter*
- » *70 g Zucker*
- » *1 Prise Salz*
- » *1 Ei, Größe M*
- » *230 g Mehl*
- » *Hülsenfrüchte zum Blindbacken*

Füllung

- » *500 g helle, kernlose Trauben (kleinere Früchte)*
- » *100 ml Grappa*
- » *50 g Amarettini, zerbröselt*

Guss

- » *4 Eier, Größe M*
- » *1 Prise Salz*
- » *100 g weiche Butter*
- » *100 g Zucker*
- » *1 TL Zitronensaft*
- » *70 g geschälte Mandeln*
- » *10 g Speisestärke*

- » *Springform 26 cm Ø*

Schwierigkeit: mittel
Kühlzeit: 1 Stunde
Marinierzeit: 12 Stunden
Backzeit: 12 + 30 Minuten

1 Die Trauben waschen und vom Stil entfernen. Mit einem Zahnstocher anstechen und den Grappa darüber gießen. Am besten über Nacht in einer abgedeckten Schüssel durchziehen lassen. Gelegentlich durchrühren.

2 Für den Teig Butter, Zucker und Salz in eine Schüssel geben und mit dem Knethaken verrühren. Das Ei hinzugeben. Zum Schluss das Mehl einkneten. Den Teig in Frischhaltefolie wickeln und ca. 1 Stunde kühlen.

3 Den Backofen auf 175 °C (Umluft 155 °C) vorheizen. Den Boden der Springform mit Backpapier belegen. Den Teig ausrollen, in die Springform geben und einen ca. 2 cm hohen Teigrand modellieren. Den Boden mit einer Gabel mehrfach einstechen.

4 Zum Blindbacken den Teig mit Backpapier belegen, die Hülsenfrüchte darauf verteilen und im heißen Ofen 12 Minuten backen. Dann das Backpapier mit den Hülsenfrüchten entfernen.

5 Die Amarettini in eine Tüte geben und mit der Hand oder einem Nudelholz zerbröseln. Die Brösel auf dem Boden verteilen. Die Trauben abgießen, dabei die Marinierflüssigkeit auffangen. Die Trauben auf den Kuchen legen.

6 Für den Guss die Eier trennen. Das Eiweiß mit einer Prise Salz steif schlagen. Die Butter mit dem Eigelb und dem Zucker cremig rühren. 3 cl (30 ml) der Marinierflüssigkeit zusammen mit dem Zitronensaft einrühren. Dann Mandeln und Speisestärke unterrühren. Zuletzt den Eischnee mit dem Teigschaber vorsichtig unterheben.

7 Die Eiermasse gleichmäßig auf dem Kuchen verteilen und im heißen Ofen ca. 30 Minuten goldgelb backen. Nach dem Backen die Tarte ca. 20 Minuten in der Form abkühlen lassen, dann aus der Form heben.

Köstlichkeiten mit Hochprozentigem

Himbeer-Punsch-Torte

Biskuitteig

» *6 Eier, Größe M*
» *1 Prise Salz*
» *100 g Zucker*
» *150 g Mehl*
» *80 g Speisestärke*
» *2 TL Backpulver*

Füllung

» *450 g Himbeergelee*
» *100 g TK-Himbeeren*
» *2 cl (20 ml) Orangenlikör (z. B. Cointreau)*
» *4 cl (40 ml) brauner Rum*
» *1 Msp. gemahlene Nelken*
» *1 Spritzer Zitronensaft*

Guss und Dekoration

» *2 cl (20 ml) Rum*
» *250 g rosa Rollfondant*
» *50 g Belegkirschen (z. B. von Dr. Oetker)*
» *Zuckerschrift (rot, braun, gelb)*
» *Zuckerperlen*

» *Springform 26 cm Ø*

Schwierigkeit: mittel
Backzeit: 40–45 Minuten
Ruhezeit: 1 Stunde
Kühlzeit: 2–12 Stunden

1 Den Backofen auf 180 °C (160 °C Umluft) vorheizen. Die Springform mit Backpapier auslegen.

2 Für den Biskuit die Eier trennen. Das Eiweiß mit einer Prise Salz steif schlagen. Die Eigelbe mit dem Zucker schaumig rühren. Das Mehl mit der Speisestärke und dem Backpulver mischen. Den Eischnee zum Eigelb geben und die Mehlmischung darüber sieben. Alles vorsichtig mit dem Teigschaber unterheben. Den Teig in die Form füllen und im heißen Ofen 40 bis 45 Minuten backen.

3 Die Form mit einem scharfen Messer ablösen und den Kuchen einige Minuten ruhen lassen. Nun den Biskuit auf ein mit Mehl bestäubtes Backpapier stürzen. Das Backpapier leicht anfeuchten und abziehen. Den Kuchen ganz auskühlen lassen: Biskuit lässt sich am besten schneiden, wenn er schon am Vorabend gebacken wurde.

4 Den Biskuit zweimal waagerecht durchschneiden. Den unteren Boden wieder in die Springform legen. Den mittleren Boden in ca. 1 cm große Würfel schneiden und in eine Schüssel geben.

5 200 g Himbeergelee, Himbeeren, Orangenlikör, Rum, Nelken und Zitronensaft in einem Topf verrühren und kurz aufkochen lassen. Die Himbeermasse zu den Biskuitwürfeln geben und gut untermischen. Den unteren Boden mit ca. 50 g Himbeergelee bestreichen. Nun die Himbeerbiskuitfüllung auf dem Boden verteilen. Anschließend die Unterseite des Biskuitdeckels mit 50 g Himbeergelee bestreichen und auf die Biskuitfüllung setzen. Die Torte beschweren (z. B. mit einem Topf) und mindestens 1 Stunde ruhen lassen. Dann den Springformrand entfernen.

6 Das restliche Himbeergelee mit dem Rum mischen und die Torte damit bestreichen. Den Rollfondant nach Packungsanleitung ausrollen und die Torte damit überziehen. 6 Belegkirschen halbieren und jedes Tortenstück mit ½ Belegkirsche versehen. Die Belegkirschen können mit der Zuckerschrift fixiert werden. Den Kuchen mit Zuckerschrift und -perlen verzieren.

Mit diesen knackigen Leckerbissen aus edlen Nüssen und feinem Vanillepudding machen Sie Freunden und Kollegen immer eine Freude.

Vanille-Nuss-Törtchen

Mürbeteig

- » *100 g kalte Butter*
- » *70 g Zucker*
- » *1 Prise Salz*
- » *1 Msp. Piment*
- » *1 Ei, Größe M*
- » *200 g Mehl*
- » *40 g gemahlene Haselnüsse*
- » *Hülsenfrüchte zum Blindbacken*

Füllung

- » *1 Päckchen Vanillepuddingpulver*
- » *400 ml Milch*
- » *100 ml Cognac*

Dekoration

- » *60 g Pekannusskerne*
- » *60 g Haselnusskerne*
- » *60 g Walnusshälften*
- » *3 EL flüssiger Honig*

- » *12 Tartelette-Formen 8 cm Ø mit Hebeboden*

1 Die Butter mit dem Zucker verkneten. Zucker, Salz, Piment, Eier, Mehl und Haselnüsse hinzugeben und ebenfalls verkneten. Den Teig in Frischhaltefolie wickeln und 1 Stunde im Kühlschrank kühlen.

2 Die Haselnüsse für die Dekoration in einer Pfanne ohne Fett bei mittlerer Hitze rösten, bis sie anfangen zu duften.

3 Den Backofen auf 175 °C (Umluft 155 °C) vorheizen. Aus Backpapier 12 Kreise in der Größe der Tartelette-Formen ausschneiden. Den Teig in 12 gleich große Portionen teilen und die Förmchen damit bis zum Rand auskleiden. Die Böden mit einer Gabel mehrfach einstechen.

4 Nun das Backpapier auf den Teig legen, mit Hülsenfrüchten beschweren und im heißen Ofen 15 Minuten backen. Das Backpapier mit den Hülsenfrüchten entfernen und die Törtchen weitere 5 Minuten backen. Dann auskühlen lassen und aus den Förmchen nehmen.

5 In der Zwischenzeit den Pudding für die Füllung nach Packungsanleitung, jedoch mit 400 ml statt 500 ml Milch zubereiten. Den Cognac einrühren. Den Pudding etwas abkühlen lassen, ab und zu umrühren. Den lauwarmen Pudding gleichmäßig auf die Törtchen verteilen.

6 In einer beschichteten Pfanne den Honig erhitzen. Die Nüsse darin karamellisieren und auf die Törtchen verteilen.

ergibt 12 Törtchen
Schwierigkeit: mittel
Backzeit: 15 + 5 Minuten
Kühlzeit: 1 Stunde

Ein willkommenes Naschvergnügen für die ersten Herbsttage – denn dieses Törtchen holt mit den verschiedenen Früchten den Sommer wieder ins Haus.

Rumtopf-Törtchen

Boden
» 70 g Butterkekse
» 40 g Butter
» 4 TL Mandelblättchen

Füllung
» ½ Päckchen Vanille-
  puddingpulver
» 200 ml Milch
» 30 g Zucker
» 120 g Magerquark
» 4 EL Rumtopffrüchte

» 4 Dessertringe 7 cm Ø

ergibt 4 Törtchen
Schwierigkeit: einfach
Zubereitung: 30 Minuten
Kühlzeit: ½ + 2 Stunden

1 Für den Boden die Kekse in einen Gefrierbeutel geben und mit den Händen oder einem Nudelholz zerkleinern.

2 Die Butter in einem Topf schmelzen und mit den Keksbröseln und den Mandelblättchen mischen. Die Masse auf die Dessertringe verteilen und festdrücken.

3 Den Vanillepudding nach Packungsanleitung, aber nur mit 200 ml Milch und 30 g Zucker zubereiten. Den Pudding mit Frischhaltefolie abdecken und ca. 30 Minuten abkühlen lassen. Dann den Quark zugeben und zu einer glatten Creme verrühren.

4 Die Vanillecreme auf die Ringe verteilen und die Törtchen für 2 Stunden in den Kühlschrank stellen.

5 Die Ringe mit einem langen, zuvor in heißes Wasser getauchten Messer lösen und vorsichtig abheben. Jedes Törtchen vor dem Servieren mit 1 EL Rumtopffrüchten übergießen.

Die „Großmutter" gibt dieser französischen
Spezialität aus Omas Küche den Namen.

Babas mit Rum

Hefeteig

» *1 Würfel Hefe (42 g)*
» *¼ l lauwarme Milch*
» *600 g Mehl*
» *125 g Zucker*
» *4 zimmerwarme Eier,*
  Größe L
» *1 Prise Salz*
» *125 g weiche Butter*
» *100 g Sultaninen*
» *50 g fein geschnittenes*
  Zitronat
» *125 g gehackte Mandeln*

Guss und Dekoration

» *125 g Zucker*
» *6 cl (60 ml) weißer Rum*
» *125 g Puderzucker*
» *2 EL Zitronensaft*
» *250 g frisches Beerenobst*

ergibt 10 Stück
Schwierigkeit: mittel
Geh- und Ruhezeit:
1 + ½ + ½ + 6 Stunden
Backzeit: 20 Minuten

1 Die Hefe in die Milch einbröckeln und mit der Hälfte des Mehls verrühren. Zugedeckt 1 Stunde an einem warmen Platz gehen lassen.

2 Zucker und Eier einrühren, das restliche Mehl und das Salz ebenfalls untermengen. Zuletzt die Butter zugeben und unterrühren. Zugedeckt 30 Minuten gehen lassen.

3 Die Sultaninen waschen und abtropfen lassen. Den Teig kräftig zusammenstoßen, dann Sultaninen, Zitronat und Mandeln unterkneten. Den Teig zu einer Rolle formen und in 10 Stücke schneiden. Aus jedem Stück eine Kugel formen.

4 Den Backofen auf 200 °C (Umluft 180 °C) vorheizen. Ein Backblech einfetten, die Kugeln auflegen und 30 Minuten gehen lassen.

5 Die Babas im heißen Ofen ca. 15 Minuten backen, zum Auskühlen auf ein Kuchengitter setzen und 6 Stunden ruhen lassen.

6 Den Zucker in einen Topf geben, 175 ml Wasser zugeben und kochen, bis der Zucker gelöst ist. Den Sirup vom Herd nehmen und den Rum hinzufügen. Die Babas mit der Unterseite in den Sirup tauchen, dann mit der Unterseite nach oben auf ein Backbrett legen.

7 Den Puderzucker sieben und mit dem Zitronensaft verrühren, die Babas damit überziehen und mit der Unterseite nach oben auf einen Kuchenteller geben. Die Küchlein mit Beerenobst garnieren.

Köstlichkeiten mit Hochprozentigem

Eine Torte herstellen

Böden schneiden

Der gebackene runde Biskuitboden ist ca. 5 cm hoch. Um eine gefüllte Torte herzustellen, wird er in zwei oder drei Böden geschnitten. Dafür gibt es spezielle Tortenschneider, es geht aber auch mit Lineal, Messer und Faden sehr gut: Den Boden ringsum auf gleicher Höhe (Lineal benutzen) mit einem Messer ca. 1 cm einritzen. Einen Zwirnfaden in diese Linie um den Boden legen und den Faden langsam und vorsichtig zusammenziehen.

Boden abheben

Beim Abheben des Bodens muss vorsichtig gearbeitet werden, damit der Boden nicht bricht. Um den Boden zu stützen, schiebt man am besten Backpapier, ein Palettenmesser oder einen umgedrehten Springformboden etwas unter den Boden und schiebt ihn dann auf diese „Stütze"

Vorbereiten und Aufbewahren

♥ Frisch schmeckt es zwar (fast) immer am besten. Wenn es Ihre Zeitplanung jedoch nicht erlaubt, können Sie Füllungen und Dekoelemente 1 bis 3 Tage im Voraus zubereiten und im Kühlschrank aufbewahren. Decken Sie Cremefüllungen unbedingt mit Frischhaltefolie ab, damit sie keinen Kühlschrankgeruch annimmt.

♥ Genauso wie Sie Füllungen bereits vorbereiten können, können Sie auch Tortenböden einige Tage vorher backen und aufbewahren. Eingewickelt in Frischehaltefolie hält der Boden im Kühlschrank bis zu einer Woche.

♥ Bei bereits fertigen Torten hängt es davon ab, welche Creme Sie verwendet haben. Cremes mit frischen Eiern sollten Sie unbedingt innerhalb von 24 Stunden verzehren. Die Torten sollten im Kühlschrank aufbewahrt werden. Schützen Sie Ihre Torten mit einer Tortenhaube vor Kühlschrankgerüchen.

♥ Sie können die meisten Kuchen und Torten einfrieren. Zum Einfrieren nicht geeignet sind Torten mit Buttercreme oder einer Obstfüllung und solche, die mit Schokolade, Krokant oder Zuckerguss ummantelt oder verziert sind. Zum Einfrieren des ganzen Kuchens oder der Torte lässt man zuerst die Oberfläche anfrieren und wickelt Kuchen oder Torte dann mit einer Alufolie ein. Kuchen und Torten in der Folie bei Zimmertemperatur 3 bis 5 Stunden auftauen lassen, Sahnetorten im Kühlschrank ca. 12 Stunden.

Dekorieren und Verzieren

Schokolade oder Kuvertüre?

Wenn man sich merken möchte, was wofür verwendet wird, so gibt es einen einfachen Merksatz: Schokolade gehört in den Kuchen, Kuvertüre auf den Kuchen. Kuvertüre verfügt über einen höheren Kakaobutteranteil als Schokolade, was sie sehr streichfähig macht. Besonders dann, wenn Ihr Kuchen eine dunkel glänzende, glatte Oberfläche haben soll, ist Kuvertüre durch nichts zu ersetzen. Damit die Kuvertüre tatsächlich diese samtig glänzende Eigenschaft erhält, sind ein paar Tricks und Tipps sehr hilfreich.

♥ Bringen Sie die Kuvertüre über einem Wasserbad zum Schmelzen. Die Temperatur darf 40 °C nicht überschreiten. Dazu stellen Sie einen Topf mit Wasser auf den Herd und setzen eine Metallschüssel darauf.

♥ Achten Sie darauf, dass unter keinen Umständen Wasser in die Kuvertüre tropft. Wasser bringt den Kakao zum Quellen. Die Kuvertüre verklumpt, wird nicht mehr richtig hart und kann nicht mehr verarbeitet werden.

♥ Ist die Kuvertüre geschmolzen, wird sie vor der Verarbeitung wieder etwas abgekühlt. Je nach Schokoladenart liegt die Idealtemperatur in einem bestimmten Bereich:
Zartbitterkuvertüre: 28 bis 29 °C
Vollmilchkuvertüre: 26 bis 27 °C
Weiße Kuvertüre: 25 bis 26 °C

Sollten Sie kein Thermometer zur Hand haben, können Sie mit einem Messer überprüfen, ob Ihre Kuvertüre die richtige Verarbeitungstemperatur hat. Tauchen Sie die Messerspitze in die Kuvertüre und stoppen Sie die Zeit. Ist Ihre Kuvertüre nach drei bis vier Minuten hart, hat die Kuvertüre die richtige Temperatur.

Essbare Blüten

Essbare Blüten sehen als Dekoelemente nicht nur hinreißend aus, sondern können auch mitgegessen werden. Gänseblümchen, Holunderblüten, Lavendel oder Veilchen sind wunderschön und lecker. Die essbaren Blüten können Sie in Ihrem Garten sammeln oder beim gut sortierten Obst- und Gemüsehändler kaufen. Sie können auch kandierte Blüten verwenden.

Kandierte Blüten können Sie in gut sortierten Lebensmittelmärkten und im Internet erwerben – oder einfach selber machen. Dazu kocht man Zucker in Wasser auf, taucht die Blüten einige Male ein, legt sie auf Backpapier und lässt die Blüten anschließend an einem trockenen, warmen Ort einige Tage trocknen. Die gut getrockneten Blüten können in einem luftdicht verschließbaren Gefäß aufbewahrt werden.

Marzipan und Rollfondant

♥ Marzipan eignet sich hervorragend zum Formen von kleinen Figürchen oder Dekoelementen. Alles, was Sie dazu benötigen, ist Marzipanrohmasse, Puderzucker und Lebensmittelfarbe. Figuren aus Marzipanrohmasse bleiben deutlich besser in Form, wenn Sie das Marzipan mit Puderzucker mischen. Als Faustregel gilt hier zwei Teile Marzipan, ein Teil Puderzucker.

♥ Wenn Sie Marzipanrohmasse ausrollen wollen, sollten Sie die Arbeitsfläche vorher mit etwas Puderzucker einstäuben.

♥ Sollen Ihre Figuren bunt werden, so können Sie Lebensmittelfarbe mit einkneten. Je nach Farbintensität und Hersteller variiert die benötigte Menge stark. Beginnen Sie mit etwas weniger Farbe, Farbe zugeben können Sie jederzeit.

♥ Marzipan gibt es nicht nur in Form von Marzipanrohmasse, sondern schon fertig ausgerollt als Marzipandecke. Eine Marzipandecke eignet sich hervorragend zum Überziehen von Kuchen, denn die Oberfläche wird so absolut gleichmäßig und glatt.

♥ Anstatt einer Marzipandecke können Sie zum Ummanteln Ihres Kuchens oder zum Ausstechen von Figuren auch Rollfondant verwenden. Rollfondant können Sie in gut sortierten Lebensmittelläden oder im Internet erwerben.

Den Tortenrand dekorieren

♥ Eine schöne Torte soll nicht nur von oben wirken, sondern auch einen ansprechenden Rand haben. Zum Verzieren des Randes können Sie Creme oder Sahne aufstreichen und anschließend mit Schoko- oder Zuckerstreuseln, Nusskrokant oder Mandelblättchen verzieren.

♥ Halten Sie die Tortenplatte leicht schräg, dann können Sie Ihre Dekoelemente bequem auf den Tortenrand "werfen". Mit einem untergelegten Backpapier können Sie die Streusel oder Plättchen, die nicht kleben blieben, auffangen und erneut aufstreuen.

Übersicht der verwendeten Alkoholika

Gebäck	Seite	Wein	Sekt	Likör	Spirituose
Zitronenkuchen mit Lemon Curd	14			Zitronenlikör (z.B. Limoncino, Limoncello)	
Portwein-Feigen-Kuchen	16	Portwein			
Omas Rotweinkuchen	18	Rotwein			
Erdbeertraum	20	Weißwein			
Gugelhupf mit Baileys	22			Baileys	
Erdbeer-Rhabarber-Torte mit Eierlikör	24			Eierlikör	
Amaretto-Sahne-Rolle	26			Mandellikör (z.B. Amaretto)	
Granatapfel-Sekt-Torte	28		Rosésekt		
Festliche Walnusstorte	30			Walnusslikör	
American Cheesecake	32			Orangenlikör (z.B. Cointreau)	
Gefüllte Brandteigkugeln im Karamellmantel	34			Orangenlikör (z.B. Grand Manier)	
Sahnetorte mit gebrannten Mandeln	36			Mandellikör (z.B. Amaretto)	
Blue Curaçao-Torte	38			Blue Curaçao	

Gebäck	Seite	Wein	Sekt	Likör	Spirituose
Sekttorte mit Zitronen-sahne	40		Sekt		
Knusprige Schaumrollen mit Kaffeesahne	42			Kaffeelikör (z.B. Kahlua oder Tia Maria)	
Whoopie Pies mit Minzfüllung	44			Pfefferminzlikör	
Campari-Törtchen	46			Campari	
Eclairs mit Eierlikörsahne	48			Eierlikör	
Beschwipste Heidel-beer-Törtchen	50			Eierlikör	
Puddingkuchen mit Eierlikör	52			Eierlikör	
Donauwelle mit Schuss	56				Weinbrand
Kirschstreusel mit Geist	58				Kirschwasser
Feine Vanille-Punsch-Torte	60	Weißwein			Arak
Zwetschgen-Mohn-Torte	62				Rum
African Queen	64			Amarula	Wodka
Pina Colada-Tarte	66				Weißer Rum
Schokoladentorte „Tia Maria"	68			Kaffeelikör (z.B. Tia Maria)	Weißer Rum
Grappa Kuchen	70				Grappa
Himbeer-Punsch-Torte	72			Orangenlikör (z.B. Cointreau)	Brauner Rum
Vanille-Nuss-Törtchen	74				Cognac
Rumtopf-Törtchen	76				Rumtopffrüchte
Babas mit Rum	78				Weißer Rum

Alphabetisches Rezeptverzeichnis

Dank

Hinter einem Buch stehen immer sehr viel mehr Menschen, als Namen auf dem Cover zu lesen sind. Mein besonderer Dank gilt allen engagierten Testern, die sich unermüdlich durch meine Kuchenkreationen gegessen haben. Einige gingen sogar einen Schritt weiter und gaben mir freien Zugang zu ihrer Hausbar. Auf diesem Wege lernte ich Brände, Liköre und andere Geistlichkeiten kennen, die mir bis dahin völlig verborgen geblieben waren. Susanne und Wolf – ich habt diesem Buch erst die richtige Umdrehung gegeben.

Von ganzem Herzen aber möchte ich mich bei Rita bedanken – für ihre Geduld, Fantasie, Liebe und Unerschrockenheit: beim Backen und im Leben.

Impressum

ISBN 978-3-572-08153-0

1. Auflage

Umschlaggestaltung: Atelier Versen, Bad Aibling
Coverfoto: Collage: Thorsten Suedfels / Picture Press und Ketterer & Layher
Innenlayout: Katharina Schweissguth, Visuelle Kommunikation, München
Fotografie und Foodstyling: Andreas Ketterer, Evelyn Layher
www.ketterer-layher-foodphoto.de
mit Ausnahme von: Bassermann Verlag: Seite 37, 41 (Jacqueline Böttcher),
Seite 81/Freisteller; Fotolia: Seite 7 (ExQuisine)
Bildredaktion: Tanja Zielezniak
Herstellung: Elke Cramer
Projektleitung: Anja Halveland

Rezepte S. 36, 40: Jacqueline Böttcher; S. 78: Oda Tietz; alle anderen: Luise Lilienthal

Satz: Nadine Thiel, kreativsatz, Baldham
Reproduktion: Regg Media GmbH, München
Druck und Verarbeitung: Mohn Media Mohndruck GmbH, Gütersloh

Printed in Germany

Verlagsgruppe Random House FSC® N001967
Das für dieses Buch verwendete FSC®-zertifizierte Papier *Profimatt*
wurde produziert von Sappi Ehingen.

Kleine Torten für besondere Tage

112 Seiten, zahlreiche Farbfotos
ISBN 978-3-572-08101-1

Gönnen Sie sich feine Verwöhnmomente, machen Sie das Wochenende zum kulinarischen Fest, verschenken Sie liebevoll verzierte Geburtstagstorten. Mit diesem Buch haben Sie die perfekten Rezepte für köstliche Torten aus der kleinen Springform. Ob sahnig-zart, schokoladig-aromatisch oder fruchtig-frisch: alle Torten gelingen garantiert!

www.bassermann-verlag.de

Wonnetürmchen für dich & mich

112 Seiten, zahlreiche Farbfotos
ISBN 978-3-572-08148-6

Umwerfend lecker und mit Liebe gemacht: Diese klitzekleinen Torten sind perfekt zum Dessert, das schönste Geschenk für jeden Anlass und unschlagbar für bestes Naschen zwischendurch.

www.bassermann-verlag.de